Vorbemerkung

Die Arbeitshilfe ist das Ergebnis einer gelungenen Kooperation zwischen

- der Baden-Württembergischen Sportjugend,
- der Bayerischen Sportjugend,
- der Sportjugend Berlin,
- der Sportjugend Hessen,
- der Hamburger Sportjugend,
- der Sportjugend Niedersachsen,
- der Sportjugend Nordrhein-Westfalen und
- der Sportjugend Sachsen-Anhalt.

Die Arbeitshilfe ist *identisch* mit der bisherigen Praxismappe. Die Buchform wurde mit der Herausgabe dieser Auflage gewählt, um die Kosten für die Vereinsmitarbeiterinnen und -mitarbeiter so gering wie möglich zu halten.

Inhaltsverzeichnis

A Einleitung

Bedeutung und Funktion von (Ball-)Spielen

Der Ball ist eines der ältesten Spielgeräte der Menschheitsgeschichte. Die fliegende, rollende und hüpfende, mal leicht, mal schwer zu spielende Kugel zieht die Menschen unterschiedlichster Kulturen schon seit Jahrtausenden in ihren Bann. Seine Faszination und seinen hohen Aufforderungscharakter hat der Ball bis auf den heutigen Tag behalten und zu ständigen Veränderungen und Neuentwicklungen von Ballspielen geführt. Insofern sind (Ball-)Spiele ein bedeutendes Kulturgut, dessen Fortbestand allein wegen seiner langen Tradition es zu bewahren gilt. Verstärkt wird in diesem Jahrhundert zudem von Spielpädagogen die Bedeutung des Spiels – also auch des Ballspiels – für die Entwicklung von Kindern und Jugendlichen betont.

Dieses Herausstreichen der Funktion von (Ball-)Spielen – also das Hervorheben der positiven Wirkungen des Spiels auf die Spielenden – muss am Anfang dieser Einleitung ins „rechte Licht" gerückt werden. Das Spielen ist für die Spielenden eine **sinnvolle Tätigkeit an sich**; es ist ein Geschehen, das sie **um ihrer selbst willen** aufrecht erhalten.

Die Ziele, die von Seiten der Spielpädagogen und Vereinsmitarbeiterinnen sowie -mitarbeitern mit dem Spiel verbunden werden, sind für die Spielenden nebensächlich, da sie mit Körper, Herz und Verstand im Prozess des Spielens aufgehen, und nicht daran denken, welche positiven Einflüsse ihr Tun auf ihre Person haben könnte. Das Spiel an sich besitzt für sie unterschiedliche attraktive Facetten.
Hier einige Beispiele:

- der „Kitzel" des Gewinnens in einem bis zuletzt offenen Spielgeschehen zwischen gleichwertigen Spielparteien;
- das spannende Hin und Her von Spielaktionen als Bereicherung erleben, obwohl man selbst oder die eigene Mannschaft letztlich eine Niederlage hinnehmen musste;
- sich neuen Spielsituationen stellen zu müssen und kreative Antworten hierauf zu finden;
- in den komplexen Spielen hinsichtlich der Spieltechniken und -taktiken nie „auslernen" zu können;
- sich in die Stärken und Schwächen des Spielgegners hineinzudenken, um erfolgreich zu sein.;
- das Freuen über gelungene Aktionen – besonders auch gemeinsam mit den eigenen Teammitgliedern;
- auch mal mit dem Spielerfolg spielen, indem man nicht gnadenlos die Schwachstelle des Gegners ausnutzt, um sicher das Spiel für sich zu entscheiden, sondern eine Taktik wählt, sich mit den Stärken des Gegenübers zu messen.

Die Aussage zuvor, der nicht alle zustimmen werden, macht bewusst, dass die Spielenden sich bei aller Identifikation mit dem Spiel auch ein Stück Distanz zum Spiel bewahren sollten. Dieser spielerische Umgang mit dem Spiel hilft zu verhindern, das Spiel als Überlebenskampf zu interpretieren, in dem mit Verbissenheit, Leistungsbesessenheit, Abwertung des Gegners, psychologischer „Kriegsführung" und unlauteren Mitteln agiert wird.

Diese angesprochenen negativen Aspekte unterbinden bei vielen den Spaß im Spiel und lassen es zum bitteren Ernst verkommen. Ein solches „Un-Spiel" mit all seinen Entgleisungen wird uns im Fernsehen – insbesondere bei Übertragungen des Spitzensports – als Spiel verkauft und trägt die Haltung zum Spiel zum Teil bis in die unteren Spielklassen und in den Kinder- und Jugendbereich hinein.

Die Vereinsmitarbeiter/innen sollten Kindern und Jugendlichen eine entkrampfte Grundeinstellung zum Spiel vermitteln und vorleben, damit nicht eine Ellbogenmentalität, die in Schule, Ausbildung, Beruf und Spitzensport oft erlebt bzw. vorgelebt wird, auch noch die wertvollen Freizeitbeschäftigungen bestimmt.

Die in der Literatur beschriebenen positiven Eigenschaften der Spiele auf die Spielenden stellen sich nicht automatisch durch das Spielen ein. Das Kulturgut der (Ball-)Spiele, in das Kinder eingeführt werden sollen, gibt nur einen überaus attraktiven und vielgestaltigen Rahmen vor, den z.B. Kinder während des Spiels füllen müssen. Dabei ist die ihnen zuvor vorgelebte spaßorientierte und entspannte Spielhaltung ihrer Übungsleiter/innen eine wesentliche Bedingung, damit die nachfolgend aufgelisteten Aspekte auf die Entwicklung der Kinder und Jugendlichen positiv wirken können. Eine andere wichtige Bedingung – auf die hier nicht näher eingegangen wird – ist z.B. die Wahrnehmung des eigenen Körpers im Spiel. Entsprechende Wahrnehmungsprozesse helfen unfunktionelle Bewegungen und als Folge Gesundheitsschäden zu vermeiden oder ungünstige Techniken und als Folge Spielunlust zu verhindern.

Hier sei nochmals betont, dass aus Sicht der Spielenden die folgenden Funktionen sich als Nebenprodukte einstellen (wenn der Rahmen der Spiele entsprechend ausgefüllt wird):

Funktionen von (Ball-)Spielen

Körperliche Aspekte

- Verbesserung der koordinativen Fähigkeiten
- Förderung der Ausdauer, Kraft, Schnelligkeit, Gewandtheit
- Erlernen und Anwenden technischer Fertigkeiten
- Schulung des Körperbewusstseins, der Haltung
- Aufwärmen-Abwärmen
- Aufbau bzw. Abbau von Spannung

Geistige/emotionale Aspekte

- Förderung der Kreativität und Phantasie
- Vermittlung von Erfolgserlebnissen
- Erlernen von neuen (Ball-)Spielen
- Förderung von Selbstsicherheit und Selbstvertrauen
- Erleben von Spielfreude
- Erleben von Spontanität und Kreativität
- Ausleben von Emotionen
- Aufbau von Motivation
- Erlernen und Anwenden taktischer Fähigkeiten

Soziale/gesellschaftliche Aspekte

- Kooperation mit anderen Spielenden
- Anpassung an Partner/in und Gruppe
- Erleben von Kommunikation und Interaktion über ein Spielgerät
- Erfahren von Fairness, Sieg, Niederlage
- Erfahren von Rücksichtnahme
- Einüben von Toleranz, aber auch Durchsetzung der eigenen Meinung
- Erfahren und Geben von Hilfestellungen
- Abschalten vom Alltag
- Spielen als gemeinsames Kommunikationselement

Neben dem Vorleben einer spielerischen Grundhaltung zum Spiel kommt auf den/die Trainer/in bzw. Übungsleiter/in eine weitere wesentliche Aufgabe zu: die angemessene Einführung von Spielen. Die vorliegende Spielesammlung gibt dem/der Vereinsmitarbeiter/in in dieser Hinsicht nützliche Anregungen an die Hand. Sie ermöglicht eine breit angelegte „Spieleschule", in der die Spielenden Spiele der unterschiedlichsten Art lernen und erleben können. Eine frühzeitige Spezialisierung von Kindern und Jugendlichen soll damit verhindert werden.

Ein Grund, der im Jugendalter zur Fluktuation im Sportbereich führt, ist die häufig sehr frühe Einengung (bereits im Kindesalter) auf eine Sportart. Es darf nicht verwundern, dass Jugendliche im Alter von 15 Jahren nach einer „einseitigen Sportkarriere" von mehreren Jahren die Sportart wechseln, weil sie noch andere Sportinhalte kennen lernen möchten.

Die Vielfalt dieser Spielesammlung sollte sich im Trainings- und Übungsplan der Vereine im Interesse der Kinder und Jugendlichen widerspiegeln. Untersuchungen zeigen, dass die meisten Kinder und Jugendliche nicht einseitig auf eine Sportart fixiert sind. Sie suchen breitere Orientierungsmöglichkeiten.

Eine wöchentliche Übungsstunde mit einer breiten Mischung an Ballspielen (elementare, sportspielverwandte und komplexe Ballspiele sowie Trendballspiele und (Ball-)Spiele mit „etwas anderen" Spielgeräten) neben dem sportartspezifischen Angebot würde das Training der Kinder und Jugendlichen und das Vereinsleben bereichern.

Im Hinblick auf die Selbstständigkeit der Kinder und Jugendlichen kann hier nur der Appell formuliert werden, dass Kinder und Jugendliche Spiele selbst organisieren und in Gang bringen, das Spiel „am Laufen“ halten und es auswerten sollen. So könnten, ausgehend von angesprochenen Spielstörungen, neue Spielregelungen oder neue Spiele gemeinsam ge- bzw. erfunden werden. Außerdem sollten sie angeregt werden, natürliche Spielräume – außerhalb der normierten Sportstätten – für ihre Aktivitäten zu nutzen.

Konzeption der Ballspiele-Sammlung

Die eine verbindliche Ordnung von Ballspielen gibt es nicht, da jedes Ballspiel ein überaus komplexes Geschehen ist. Je nachdem, ob die zentrale Spielhandlung, die Anzahl der Spieler/innen, der Spielort, das Spielgerät oder die Organisationsform als entscheidendes Kriterium herausgestellt wird, ergeben sich unterschiedliche Systematiken mit verschiedenen Zuordnungen von einzelnen Ballspielen. Spiele-Ordnungen an sich sollten für die Nutzer übersichtlich, in sich stimmig, umfassend und für ihre Arbeit hilfreich sein.

In folgende Hauptgruppen wurde die Ballspiele-Sammlung untergliedert:

- *Elementare Ballspiele*
- *Sportspiel-verwandte Ballspiele*
- *Komplexe Ballspiele*
- *Trend-Ballspiele*
- *(Ball-)Spiele mit „etwas anderen“ Spielgeräten*

Jede Hauptgruppe von Ballspielen hat ihren **eigenen Stellenwert** bei den Kindern und Jugendlichen. Der jeweils eigene Charakter wird bei der nachfolgenden Ausdifferenzierung und Begründung dieser Klassifizierung deutlich.

Spiele aus den Bereichen „Elementare Ballspiele“, „Sportspiel-verwandte Spiele“ und „Komplexe Ballspiele“ können zu einer Reihe von Spielen zusammengestellt werden, in der die einzelnen Spiele aufeinander aufbauen. Hierbei muss nur beachtet werden, dass in aller Regel von der unteren Stufe („Elementare Ballspiele“) über die mittlere („Sportspiel-verwandte Ballspiele“) zur höchsten Stufe („Komplexe Ballspiele“) oder zu den bekannten Sportspielen (in dieser Sammlung nicht aufgenommen) fortgeschritten wird. Diese Stufung bedeutet keine Minder- oder Höherbewertung einzelner Spiele – dies wird aus den nachfolgenden Erläuterungen deutlich. Auf jeder Stufe sollte ein breit gefächerter Spielekanon, der die unterschiedlichen Spielideen berücksichtigt, angeboten werden.
„Trendballspiele“ und „Ballspiele mit ‚etwas anderen‘ Spielgeräten“ sind eine interessante Bereicherung eines Ballspiele-Pools, der das Spiel-Repertoire jedes Einzelnen beleben kann.

Elementare Ballspiele

Zielgruppe: Kinder ab dem Grundschulalter

Die ***elementaren Ballspiele*** leben davon, dass die Spielenden im Wettstreit gegeneinander ermitteln, wer sich mit Ball geschickter und gewandter bewegen, wer schneller reagieren und laufen, wer sich im Spielraum orientieren und sich an wechselnde Situationen schnell anpassen kann, wer kräftiger ist als andere, wer zielgenauer trifft, wer sein Gleichgewicht unter erschwerten Bedingungen hält etc.

Charakteristika der ***elementaren Ballspiele*** sind u.a. die einfache, schnell verständliche Spielidee, die unkomplizierte Organisation, der abwechslungsreiche Charakter und die Veränderbarkeit in Bezug auf Spielregeln, Spielverlauf, Teilnehmer/innen und Spielort. Diese Ballspiele-Hauptgruppe besitzt ihren eigenständigen Wert, weil sie neben einer gehörigen Portion Spaß während des Spielerlebnisses eine allgemeine elementare Spielfähigkeit ausbilden kann. Diese allgemeine Spielfähigkeit bezieht sich neben der Förderung der motorischen Grundeigenschaften auf die Ausbildung:

- *von elementaren Bewegungsformen* (Laufen, Hüpfen, Springen, Rollen etc.);
- *von elementaren technischen Fertigkeiten* (Werfen, Fangen, Prellen, Schießen etc.);
- *von elementaren taktischen Verhaltensweisen* (Freilaufen, freie Mitspieler anspielen, Gegner sperren etc.);
- *geistiger Aspekte* (Kenntnis der Spielregeln, das Wissen über taktische Elemente etc.);
- *emotionaler Aspekte* (Freude am Sieg zeigen und mit anderen teilen, Niederlagen akzeptieren, Leistungen anderer Mitspieler anerkennen, Kritik äußern etc.);
- *sozialer Aspekte* (Rücksichtnahme zeigen, Teamgefühl entwickeln etc.);
- *moralischer Aspekte* (ehrlich sein, Regeln beachten, selbstbewusst seine Rechte einfordern etc.).

Angesichts dieser „Komplexität" ihrer möglichen Wirkungen trotz ihres „einfachen" Charakters und weil der Trainer/Übungsleiter es bei der Vermittlung von elementaren Ballspielen mit Spielanfängern zu tun hat, muss er ein hohes Engagement bei der Betreuung der Kinder zeigen und das notwendige Fachwissen (Spielmethodik, -didaktik) mitbringen, um der Bedeutung der elementaren Ballspiele für die Persönlichkeitsentwicklung der Kinder gerecht zu werden. Die Sportjugenden wünschen sich, dass der sportliche „Wettkampf" für die Kinder ein Erlebnis ist, und dass sie die Spiele mitgestalten und mitbestimmen dürfen, um so auch zu lernen, mit den Regeln kreativ umzugehen.

Folgende Gruppen ***elementarer Ballspiele*** sind aufgenommen worden: Zielschussspiele, Zielwurfspiele, Rückschlagspiele, Ballspiele im Wasser und Staffelspiele mit Ball.

Sportspiel-verwandte Ballspiele

Zielgruppe: Kinder ab dem Grundschulalter, Jugendliche

Der Begriff ***Sportspiel-verwandte Ballspiele*** wurde gewählt, weil die Spielidee (z. B. Tore erzielen und verhindern) und die zentrale Spielhandlung (z.B. einen Ball mit der Hand spielen) dieser Spiele grundsätzlich dem Charakter des entsprechenden Sportspiels (hier Handball) gleichen, aber in ihren Regelwerken nicht so komplex sind. Für die Trainer/Übungsleiter/innen, die ihren Kindern/Jugendlichen im Verein eine vielfältige und sinnvoll aufeinander aufbauende „Schule des Ballspiels“ eröffnen wollen, ist es entscheidend, die Spielidee und die zentrale Handlung eines Ballspiels aus der Spielebeschreibung rasch und eindeutig herauslesen zu können.
Die *Sportspiele* haben ein international normiertes und ausdifferenziertes Regelwerk, dem sich die Spieler anpassen müssen. Den Spielenden wird ein hohes Maß an konditionellen, technischen und taktischen Fertigkeiten und Fähigkeiten abverlangt. Die *Sportspiele* üben wegen ihres hohen Aufforderungscharakters und ihrer Vielfalt an technischen und taktischen Schwierigkeiten auf Sportler, die dieses Niveau erreichen, einen starken Anreiz aus; ebenso erhöht die gesellschaftliche Bedeutung einiger Sportspiele (z.B. Fußball, Tennis) die Motivation besonders von Kindern und Jugendlichen, ihren Idolen nachzueifern. Eine frühe Spezialisierung der Kinder auf ein Sportspiel in den Fachabteilungen oder einspartigen Sportvereinen ist nicht ratsam, da die Kinder eher aus einer möglichst umfangreichen Sportspiel-Erfahrung heraus sich bewusster und nach ihren Fähigkeiten entscheiden sollten. Im Interesse der Kinder sollten die Trainer/Übungsleiter die Vielfalt der *Sportspiele* in entsprechenden elementaren Spielformen – in dieser Ballspiele-Sammlung *sportspiel-verwandte Ballspiele* genannt – berücksichtigen; das Reservoir an strukturgleichen, aber vereinfachten Sportspielen kann so genutzt werden, um eine sportspielübergreifende, allgemeine Spielfähigkeit zu erzielen.

Die ***Sportspiel-verwandten Ballspiele*** lassen sich nach dem jeweiligen Charakter unterteilen in:

- *Wurf- und Schussspiele* (Fußball-, Handball-, Basketball-, Hockey-, Rugby-verwandte Spiele): Spiele, bei denen ein Spielgerät (Ball, Rugby-Ball, Football etc.) mit der Hand, dem Fuß oder einem Hilfsmittel geworfen, getreten bzw. geschlagen wird, um im direkten Wettstreit mit einem Gegner ein bewegliches oder festes Ziel oder einen Zielraum zu treffen und dieses als verteidigende Mannschaft zu verhindern;
- *Rückschlagspiele* (Tischtennis-, Tennis-, Volleyball-, Faustball-verwandte Spiele etc.): Spiele, die von einem raschen Hin und Her der Spielhandlungen zweier Einzelspieler oder zweier Parteien geprägt sind. Dabei schlagen die Akteure ein Spielgerät (Ball, Federball etc.) mit der Hand bzw. mit einem Schläger, um den Gegenspieler oder das gegnerische Team zu einem nicht regelgerechten Rückschlag zu „zwingen“;

- *Schlagspiele* (Schlagball-, Baseball-verwandte Spiele): Spiele, die die gleiche Struktur (nicht die gleiche Spielhandlungen) wie das Baseball-Spiel haben. Ein Ball der Angreifer wird in das Feld der Fänger- und Wurfpartei geschlagen oder geworfen, um möglichst viele Läufe zu erzielen. Die verteidigende Mannschaft versucht durch sicheres Fangen und präzises Werfen, die Anzahl der Läufe (= Punkte) des gegnerischen Teams möglichst gering zu halten. Ein Rollenwechsel erfolgt nach einer vereinbarten Regel. Bei diesen Spielen kann eine hohe Dynamik entstehen, ohne dass ein Körperkontakt zwischen den gegnerischen Parteien zustande kommt.

Diese drei Spiele-Gruppen sollten bei der Vermittlung von *Sportspiel-verwandten Ballspielen* berücksichtigt werden.

Der besondere Stellenwert der ***Sportspiel-verwandten Ballspiele*** liegt darin,

- dass sie aufgrund der geringeren Anforderungen an Technik, Taktik und Kondition für viele Kinder und Jugendliche angemessen sind,
- dass sie aufgrund der variablen Regeln und äußeren Rahmenbedingungen den Möglichkeiten der Spieler gut angepasst werden können,
- dass sie aufgrund ihrer Variabilität leicht und spontan zu inszenieren und organisieren sind (geringe Spielerzahl, kleines Spielfeld, flexibel in der Handhabung der normierten Spielregeln),
- dass mit ihrer Hilfe somit nah an den Bedürfnissen und Voraussetzungen der Spielenden eine allgemeine, sportspielübergreifende Spielfähigkeit aufgebaut werden kann.

Gleichwohl bietet diese Spielegruppe aufgrund ihrer Gemeinsamkeiten mit den *Sportspielen* ein Reservoir an Spielformen, die methodisch geschickt aufeinander abgestimmt, fast nebenbei auf diese vorbereiten.

Komplexe Ballspiele

Zielgruppe: Jugendliche und junge Erwachsene

Die bekannten Sportspiele sind in der Fachliteratur hinreichend beschrieben. In diesem Teil der Arbeitshilfe werden weitgehend unbekannte oder wenig gespielte Sportspiele vorgestellt – hier *Komplexe Ballspiele* genannt. Kriterien für die Aufnahme in die Rubrik ***Komplexe Ballspiele*** waren Besonderheiten wie gemischtgeschlechtliche Zusammensetzung von Teams, körperloses Spiel, Besonderheiten in der Angriffs- und Abwehrtechnik, fast vergessene und neu entwickelte komplexe Ballspiele, um den Ideenreichtum und die Bandbreite an Ballspielen aufzuzeigen.

Komplexe Ballspiele (Faustball, Intercrosse, Jokeiba, Korbball, Korfball und Tchoukball)

- haben hohe technische, taktische und konditionelle Anforderungen,
- beinhalten oft komplexe Spielhandlungen,
- haben ein komplexes Regelwerk,
- werden häufig durch ein offizielles Wettkampfsystem begleitet,
- unterliegen teilweise einem offiziellen Regelwerk.

Trend-Ballspiele

Zielgruppe: Kinder ab dem Grundschulalter bis junge Erwachsene

Die Bedürfnisse von Kindern und Jugendlichen ändern sich. Die Veränderungen werden über die jugendkulturelle Szene im Sport sichtbar. Das Bedürfnis, den Sport in angenehmer Atmosphäre mit Musik auf möglichst angenehmen Untergrund selbst zu organisieren, ist nicht zu übersehen. Die engagierten und zukunftsorientierten Vereine beginnen ihr Sportgelände umzubauen, um diesen Veränderungen zu entsprechen. In großen „Sandkisten“, in denen anfangs nur Beachvolleyball gespielt wurde, finden sich mittlerweile die Handballer, die Fußballer, die Rugbyspieler, Basketballer, die Badminton- und die Fußball-Tennisspieler wieder. Durch Multifunktionsplätze scheint hier das richtige Umfeld für die Interessen der Jugendlichen zu entstehen.

Trend-Ballspiele (Beach-Handball, Beach-Volleyball, Street-Basketball, Street-Hockey/Inline-Hockey und Street-Tennis) lassen sich durch folgende Charakteristika beschreiben:

- sie haben ein festgelegtes, aber im Vergleich zum Sportspiel verändertes und meist reduziertes Regelwerk;
- sie erobern sich die Straße oder Parkplätze als Lebens- und Spielraum zurück;
- sie finden zum Teil auf angenehmen Untergrund (Sand) statt;
- sie entstehen durch die jugendkulturelle Sportszene;
- sie unterliegen oft der Selbstorganisation;
- sie brauchen nicht immer Schiedsrichter;
- sie finden bevorzugt bei Musik statt;
- sie sind Zielscheiben der Wirtschaft geworden;
- sie sind hoffentlich mehr als eine Zeiterscheinung.

(Ball-)Spiele mit „etwas anderen“ Spielgeräten

Zielgruppe: Menschen jeder Altersgruppe ab dem Grundschulalter

Die ***(Ball-)Spiele mit „etwas anderen“ Spielgeräten*** (Bike-Polo, Boßeln, Boule, Doing-Ball, Krocket, Radball und Sepak Takraw) erfreuen sich nicht nur bei Kindern und Jugendlichen einer großen Beliebtheit, weil das Spielgerät motivierende und überraschende Eigenschaften besitzt. Der Einsatz verschiedener Arten von Bällen und Kugeln, die Beschaffenheit der Spielgeräte, mögliche Zusatzgeräte als weiteres „Handicap“ erschweren die Spielaufgabe, üben dadurch aber gleichzeitig einen hohen Reiz auf die Beteiligten aus.

Eine Boßel-Kugel kann über weite Strecken schnurgerade rollen, eine Kurve stellt schon eine Herausforderung dar, und wenn die Kugel erst einmal im Graben gelandet ist ... Der Erdball fliegt im Zeitlupentempo und ist leicht zu treffen, der Flummi-Ball springt unberechenbar, und der Rattan-Ball ist allein schon vom Spiel-„Gefühl“ etwas besonderes.

Diese Attraktivität der Spielgeräte für Kinder und Jugendliche war Grund genug, um eine eigenständige Spiele-Gruppe zu schaffen.

Aufbau der Spielbeschreibungen

Jede Spielbeschreibung dieser Ballspiele-Sammlung untergliedert sich in vier Teile, die klar, knapp und anschaulich die wesentlichen Informationen zu den Spielen in der Regel auf einer Seite (bei den komplexen Ballspielen wurde der Raum auf zwei Seiten ausgeweitet) darstellen sollen.

Der erste Teil (das „Herzstück" der Spielbeschreibung) wird durch

- die *Spielidee*
- spezifische *Zielsetzungen* des Spiels
- und die *Basisregeln*
- sowie gelegentlich durch *Spielvariationen* zu dem Grundspiel

gebildet.

Der Begriff „Basisregeln" soll verdeutlichen, dass nur die Informationen gegeben werden, die für das Verständnis absolut notwendig sind. Regeln zu Spieleröffnungen, bei Spielunterbrechungen etc. wurden nicht aufgenommen und müssen aus dem eigenen Fundus an Regelerfahrungen gefüllt werden. Nur so konnte der Raum für jeweils eine Spielbeschreibung auf eine Seite begrenzt werden. Wir hoffen, damit die Interessen des Nutzers, der eine schnelle Orientierung über die Spiele möchte, getroffen zu haben.

Der zweite Teil umfasst die notwendigen Angaben zu den organisatorischen Rahmenbedingungen des Spiels:

- *Spielmaterial*
- *Spieler/innen-Zahl*
- *Spielort*
- *Spielfeld*
- die *Spieldauer*

Die *Voraussetzungen*, die die Spielenden für das Gelingen des Spiels beherrschen sollten, bilden einen eigenen dritten Teil, der gelegentlich durch *Tipps*, d.h. für die Umsetzung nützliche Hinweise, ergänzt werden.

Last but not least werden die schriftlichen Informationen durch eine *Skizze* (4. Teil) veranschaulicht.

Damit der folgende Text einfacher zu lesen ist, hat sich die Redaktionsgruppe dafür entschieden, bei den Spielbeschreibungen der Ballspiele-Sammlung sprachlich nur das männliche Geschlecht zu verwenden.

B 1 Elementare Ballspiele

Ball unter der Schnur

Zwei Mannschaften spielen aus ihrem Feld heraus mit dem Fuß einen Ball unter einer Schnur ins gegnerische Feld. Ziel ist es, den Ball so zu spielen, dass er eine bestimmte Linie im gegnerischen Feld passiert bzw. die Hallenrückwand berührt.

- Schulung des schnellen Zusammenspiels zwischen den Spielern.
- Verbesserung von flachem und zielgenauem Schuss.

- Der Ball darf die Schnur nicht berühren.
- Die Mannschaft erhält einen Punkt, wenn der Ball die gegnerische Grundlinie passiert bzw. die Hallenwand berührt hat.

1 Fußball, 2 Ständer, 1 Zauberschnur

5 - 8 TN pro Mannschaft

Halle, Rasenplatz, Tartanplatz

10 x 20 m, durch eine 50 - 60 cm hohe Schnur geteilt

Nach Punkten bzw. nach Zeit

Passen, Stoppen, Zielschuss

Burgfußball

Die Burg ist das Ziel. Sie wird von einem Spieler aus der Gruppe verteidigt, die anderen versuchen durch schnelles Zuspiel die Burg, d.h. den Medizinball auf dem kleinen Kasten zu treffen. Gelingt dies, darf der „Meisterschütze" als nächster die Burg verteidigen. Wer „hält am längsten die Stellung"?

- Verbesserung des Zusammenspiels zwischen den Spielern.
- Verbesserung der Schussgenauigkeit.
- Schulung des Abwehrverhaltens.

- Der Abstand zwischen Burg und den angreifenden Spielern sollte mindestens 3 m sein.
- Wird der Medizinball durch einen Schuss getroffen, so erhält der nächste Spieler die Chance, die Burg zu bewachen.
- Sieger ist, wer die Burg am längsten bewachen konnte.

1 kleiner Kasten, 1 Medizinball, 1 Fußball

8 - 12 TN pro Burg

Halle, Rasenplatz

10 x 10m

Nach Zeit oder bis jeder einmal die Burg verteidigt hat

Passen, Stoppen, Zielschuss

Hütchenschießen

Die in der gegnerischen Hälfte aufgestellten Hütchen müssen getroffen werden, die eigenen Hütchen müssen vor Treffern der gegnerischen Mannschaft geschützt werden.

- Verbesserung des Zusammenspiels zwischen den Spielern.
- Verbesserung der Zielgenauigkeit und Kraftdosierung.

- Die Hütchen werden jeweils im eigenen Feld aufgestellt, das die Spieler der gegnerischen Mannschaft nicht betreten dürfen.
- Ein Punkt ist erzielt, wenn ein Hütchen mit dem Ball berührt wurde (ohne dass das Hütchen umfallen muss).

V *Harte Schüsse:* Das Spiel ist zu Ende, wenn die Hütchen einer Mannschaft aus dem Spielfeld geschossen wurden oder aber wenn sie umgestürzt sind.

5 Hütchen pro Feld, 1 Fußball

4 - 7 TN pro Mannschaft

Halle, Rasenplatz, Tartanplatz

10 x 20 m

Nach Punkten bzw. nach Zeit

Passen, Stoppen, Zielschuss

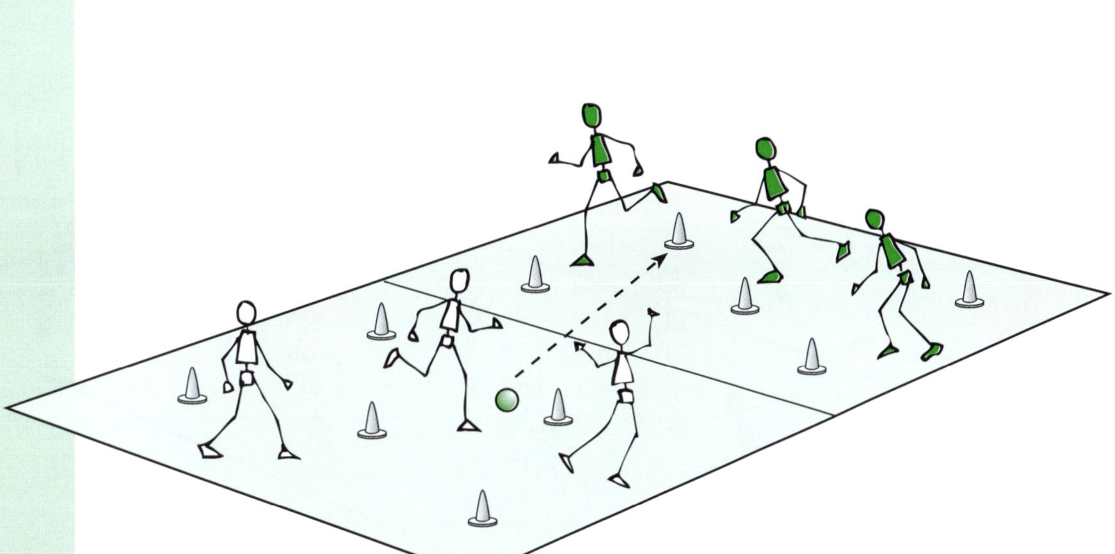

Keulenvölkerball

Die Grundaufstellung entspricht der des Völkerballspiels (s. S. B 1.2 - 21). Das Besondere ist hier, dass man nicht sich vor dem Ball schützen muss, sondern seine Keule. Diese wird irgendwo im Feld platziert und soll mit flachen Schüssen zum Umfallen gebracht werden. Fällt die Keule um, muss der betreffende Spieler in den „Himmel“.

- Förderung des Zusammenspiels.
- Schulung des Abwehrverhaltens.
- Verbesserung der Schussgenauigkeit.

- Die Bälle müssen flach gespielt werden.
- Das Ein- und Auswechseln erfolgt nach Völkerballregeln.

1. Nach einer gewissen Einspielzeit kann auch mit zwei oder mehreren Bällen gespielt werden.
2. Anstelle von Keulen können auch Hütchen aufgestellt werden.

Mind. 1 Fußball, 1 Keule (Hütchen) pro Spieler

6 - 12 TN pro Mannschaft

Halle, Rasenplatz, Tartanplatz etc.

10 x 20 m

Bis in einem Feld keine Keulen mehr stehen

Passen, Stoppen, Zielschuss

Königsball

Der Spieler im Innenkreis, der König, soll durch schnelle flache Pässe angespielt werden. Die Abwehrspieler sorgen dafür, dass er so wenig Bälle wie möglich erhält.

- Förderung des direkten, schnellen Spiels gegen Verteidiger.
- Verbesserung des individuellen Abwehrverhaltens.

- Ein Spieler in der Mitte, 2 - 3 Abwehrspieler, 5 - 6 Angreifer.
- Nur flache Pässe zählen.
- Der erfolgreiche Passgeber wird neuer König, der alte König wird Abwehrspieler, ein Abwehrspieler wird neuer Passspieler.
- Die Abwehrspieler dürfen nur den Torschuss verhindern.
- Der König steht in einem Kreis, der weder von den Abwehrspielern noch von den Passgebern betreten werden darf.

V

❶ Die Abwehrspieler dürfen das Kombinationsspiel der angreifenden Gruppe stören.
❷ Möglich wäre ebenfalls eine Kreislinie für die Passgeber, die sie nicht überschreiten dürfen (s. Abb.).

1 Fußball

8 - 12 TN pro Kreis

Halle, Rasenplatz, Tartanplatz, Schulhof etc.

Kreisdurchmesser ca. 10 m.

Nach Zeit oder bis jeder alle Positionen durchgespielt hat.

Passen, Stoppen, direktes Spiel

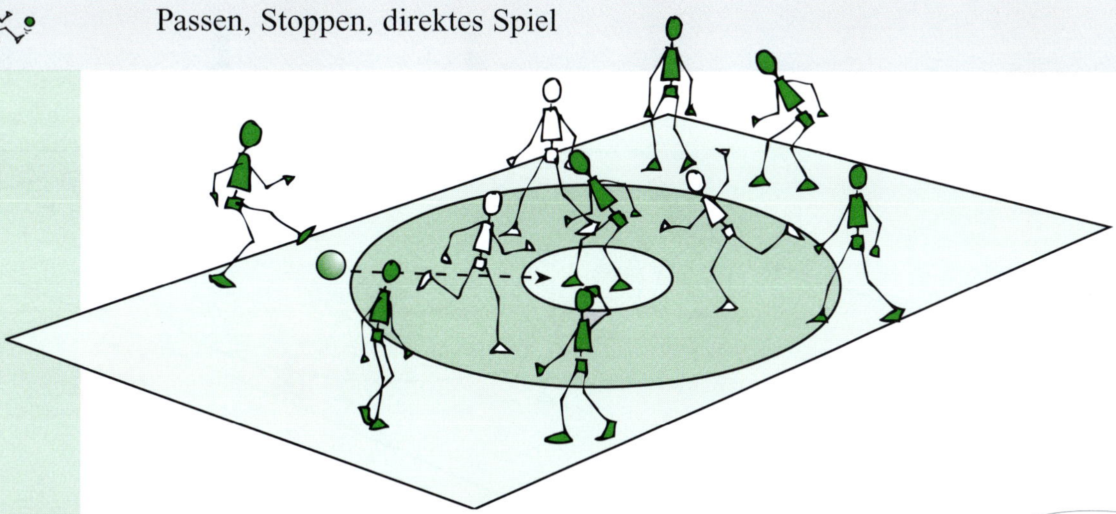

Kreisfußball

2 Spieler befinden sich im Kreis und versuchen, direkt oder durch Zupassen einen Ball aus der Kreismitte an den Kreislinienspielern vorbeizuschießen.

- Förderung von flachen und zielgenauen Schüssen.
- Schulung des reaktionsschnellen Handelns als Mittelspieler.

- Ein Teil der Spieler stellt sich auf die Kreislinie, um später das Durchschießen zu verhindern.
- Sie dürfen den Ball mit dem ganzen Körper abwehren.
- Bälle bis Schulterhöhe sind erlaubt.
- Gelingt einem Innenspieler ein „Tor", so tauscht er mit dem entsprechenden Kreisspieler den Platz.

❶ Die Kreisspieler dürfen nur mit dem Fuß oder Bein abwehren.
❷ Es wird ohne Mittelspieler gespielt, d.h. jeder ist Torwart und Torschütze zugleich. Wer trifft, erhält einen Pluspunkt, wer ein Tor bekommt, erhält einen Minuspunkt.

1 Fußball oder Softball

8 TN je Kreis, d.h. 6 außen, 2 innen

Halle, Rasenplatz, Straße etc.

Kreisdurchmesser 10 m

Bis alle Spieler sich herausgeschossen haben oder bis z.B. 10 Punkte bzw. 10 Tore erreicht sind

Spielfähigkeit, Orientierungsfähigkeit, taktisches Verhalten

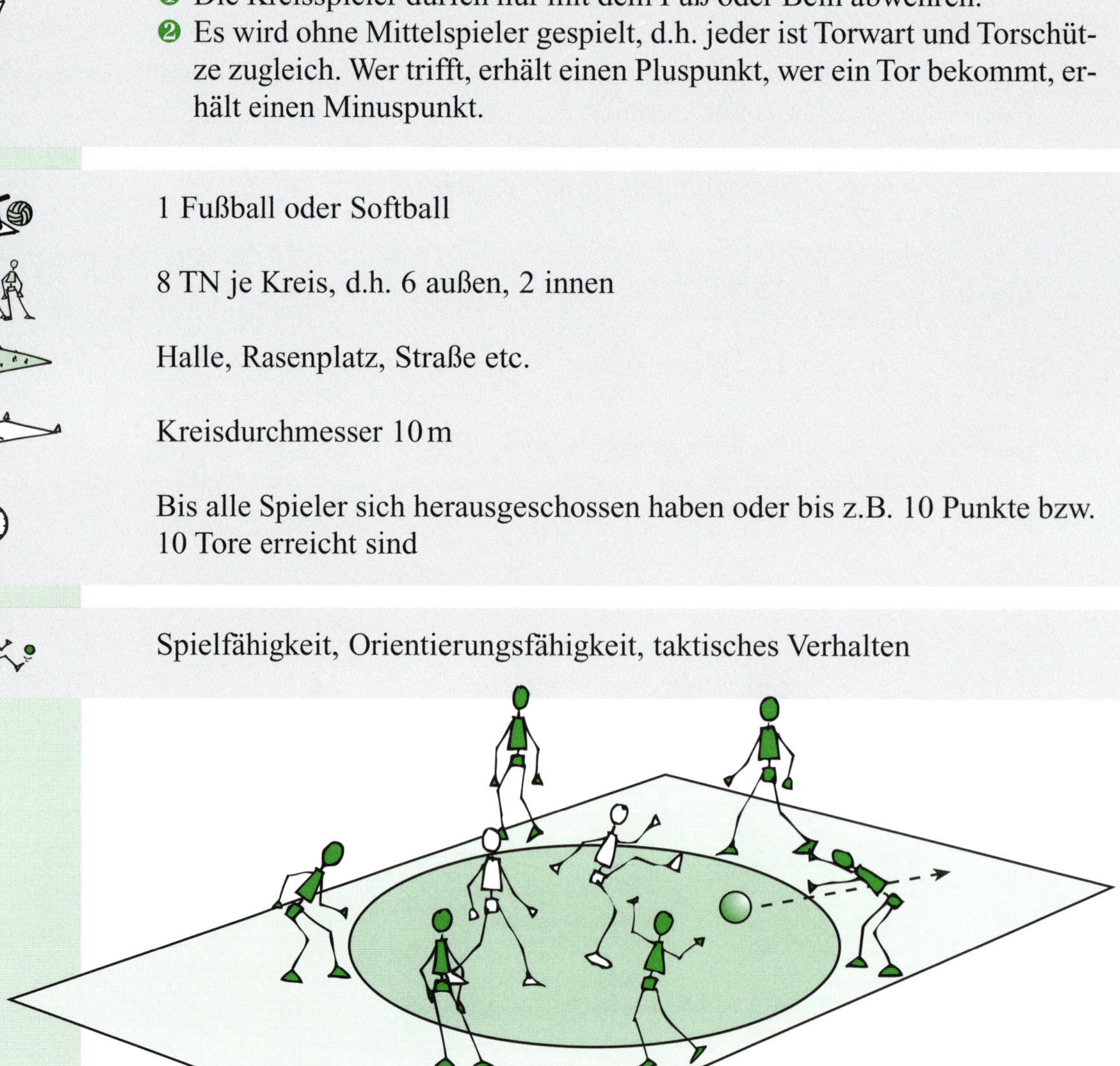

Wer trifft die Bank?

Der Ball wird abwechselnd gegen eine auf der Seite liegende Langbank gespielt. Der folgende Spieler muss, ohne vorher den Ball zu stoppen, wiederum die Sitzfläche der Bank treffen.

- Schulung des direkten Spiels.
- Schulung des taktischen Verhaltens („Rebound“).

- Der Spieler darf nur einmal den Ball berühren.
- Die Spieler dürfen sich nicht gegenseitig behindern.
- Wer die Bank verfehlt, bekommt einen Minuspunkt.
- Bei drei Fehlern scheidet der betreffende Spieler aus.
- Die ausgeschiedenen Spieler spielen solange an einer anderen Bank gegeneinander.
- Die Sieger spielen in der nächsten Runde gegeneinander.

1 Fußball, 1 Langbank

4 TN pro Bank

Halle

7 x 10 m

15 Min.

Direktes Spiel

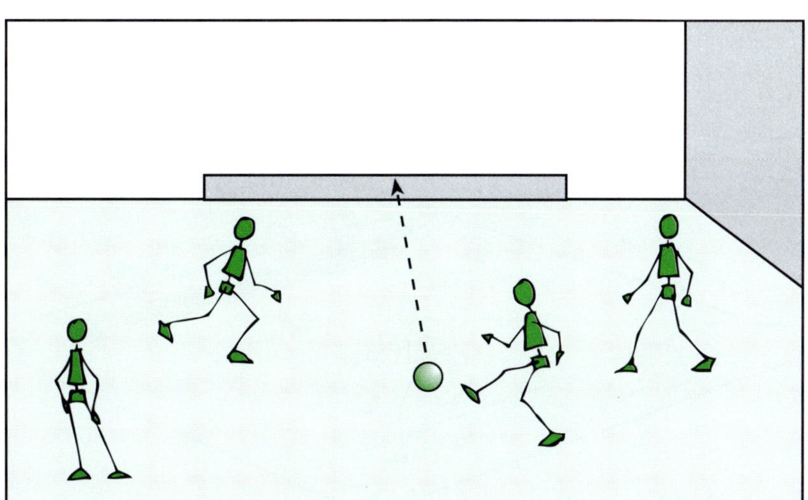

Zielball

In der Mitte eines Feldes befindet sich eine Langbank mit Medizinbällen. Hinter den Grundlinien nehmen die Mannschaften Aufstellung, um auf Signal mit den Fußbällen die Medizinbälle von der Bank zu schießen.

➠ Schulung der Schussgenauigkeit.

➠ Nur zum Ballholen darf das Feld betreten werden.
➠ Die Punkte werden entsprechend der heruntergefallenen Medizinbälle vergeben, d.h. pro Ball im gegnerischen Feld = 1 Punkt.

Mehrere Fußbälle, Medizinbälle, Tennisringe, 1 - 2 Langbänke

5 - 8 TN pro Mannschaft

Halle

Volleyballfeldgröße

Nach Punkten oder bis alle Medizinbälle von der Bank/den Bänken geschossen wurden

Zielschuss

Medizinbälle auf Tennisringe legen

Blitzschnell

Nacheinander versuchen die Spieler einer Mannschaft einen Abwurfkorridor zu durchlaufen, ohne dabei von der gegnerischen Partei getroffen zu werden.

- Verbesserung der koordinativen Fähigkeiten.
- Schulung des taktischen Verhaltens.

- Die Gruppe wird in zwei Mannschaften aufgeteilt. Mannschaft A bildet einen Korridor und jedes sich gegenüberstehende Spielerpaar erhält einen Softball. Mannschaft B versucht durch geschicktes Laufen, den Bällen von A auszuweichen.
- Es wird nacheinander gelaufen.
- Nicht auf den Kopf zielen!

V

1. Die getroffenen Spieler wechseln die Mannschaft.
2. Kann ein Läufer einen Ball fangen, gilt er als nicht getroffen.
3. Alle Läufer bekommen einen Medizinball als Schutzschild, um damit die herannahenden Bälle abwehren zu können.
4. Bei dieser Variante spielen alle miteinander, d.h., die Spieler von Mannschaft B werden nicht abgeworfen, sondern ihnen wird der Ball exakt zugeworfen. Anschließend müssen sie verschiedene Aufgaben lösen, z.B. einen Bodenpass zurückspielen, eine Finte oder den Ball durch die Beine prellen.

Softbälle

8 TN und mehr pro Gruppe

Halle, Rasenplatz

10 x 20m

Nach Zeit oder Punkten

Passen, Fangen, Orientierungsfähigkeit

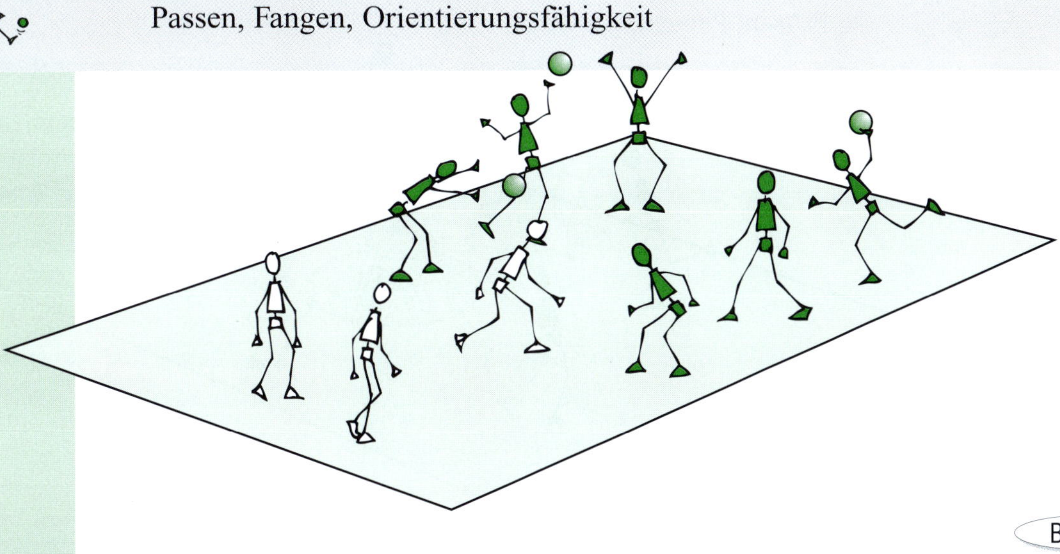

Burgball

Ähnlich wie beim Burgfußball-Spiel (s. S. B 1.1 - 2) wird auch hier eine Burg gebaut. Ein Spieler bewacht bzw. verteidigt die Burg, die anderen Spieler stehen im Kreisbogen um die Burg und werfen diese ab.

- Förderung des Zusammenspiels (schnelles Abspielen).
- Schulung des Angriff- und Abwehrverhaltens.
- Verbesserung der motorischen Fähigkeiten, vor allem des Verteidigers.
- Schulung der koordinativen und kognitiven Fähigkeiten (Reaktionsfähigkeit, Orientierungsfähigkeit).

- Die Burg besteht aus einem Turnbock, auf dem 1 Medizinball liegt.
- Die angreifende Mannschaft steht ca. 8 - 10 m im Kreis um die Burg herum.
- Dabei darf sie den Kreis nicht betreten.

V

Hier wird der Medizinball durch einen Gymnastikreifen ersetzt, d.h., in der Mitte des Kreises steht ein Mitspieler und hält den Reifen so, dass seine Partner hindurch werfen können. Ein weiterer Spieler steht zwischen Kreismitte und der Kreislinie und versucht, die geworfenen Bälle abzuwehren. Abwehrspieler und Reifenhalter werden nach ca. 1 Minute durch andere Spieler ersetzt.

1 Ball, 1 Turnbock, 1 Medizinball, ggf. 1 Tennisring

8 TN pro Gruppe

Halle

10 x 10 m

Nach Zeit oder bis jeder der Gruppe die Burg einmal verteidigt hat.

Passen, Fangen, Zielwurf

Burgkampf

Ein verteidigendes Team versucht ihren „Burg"-Innenraum „sauber" (frei von Bodenkontakten der gespielten Bälle) zu halten. Die angreifende Mannschaft möchte möglichst viele Punkte erzielen.

➠ Schulung des taktischen Verhaltens (der verteidigenden Mannschaft).

➠ Die verteidigende Mannschaft kann die Bälle sowohl auf den Burgmauern (Turnbänke im Quadrat) als auch im Inneren der Burg abwehren. Höchstens vier Spieler dürfen auf den Eckpunkten der Burgmauern stehen.
➠ Punkte können nur bei indirekten Bodenwürfen erzielt werden.
➠ Die Angreifer befinden sich rings um die Burg.
➠ Nach einer vereinbarten Zeit erfolgt der Rollenwechsel. Das Team mit der größten Punktzahl ist Sieger.

Turnbänke, Bälle (z.B. Gymnastik-, Hand-, Volleybälle etc.)

Zwei gleichstarke Teams, mind. 6 TN pro Mannschaft

Halle

10 x 10 m

2 x 3 Min.

Werfen, Bodenpass

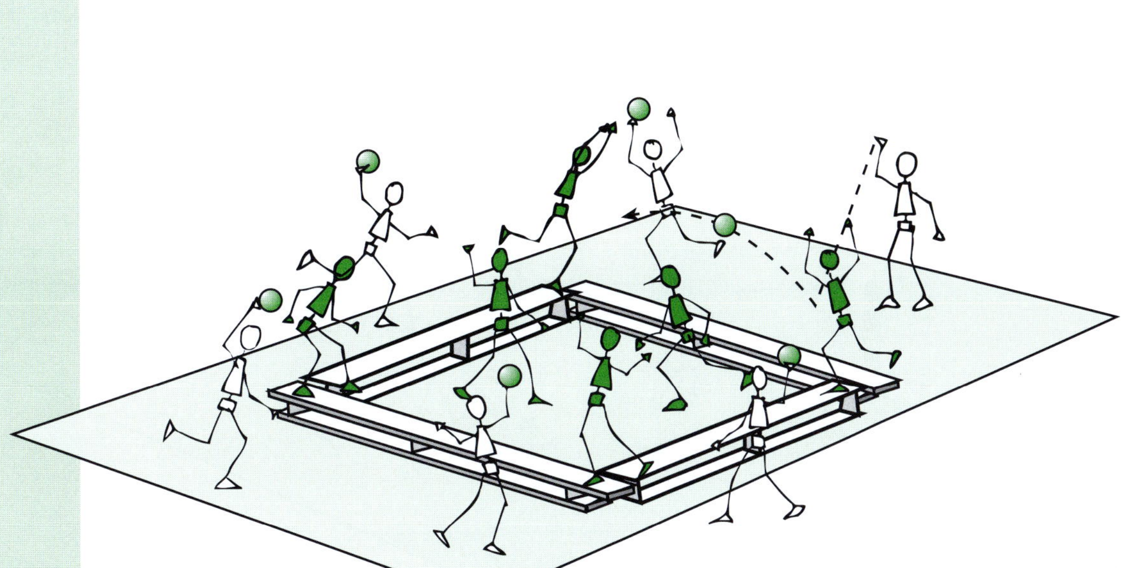

Eckenball

Die Werfermannschaft soll die Läufermannschaft in einer bestimmten Zeit abwerfen.

- Förderung des Zusammenspiels zwischen den Werfern.
- Schulung des taktischen Verhaltens der Läufer.

- Die Werfer befinden sich in den Ecken des Spielfeldes.
- Die Läufer halten sich im Spielfeld auf.
- Der Ball wird von Ecke zu Ecke geworfen, bis ein Spieler eine günstige Abwurfposition hat.
- Wird der Läufer getroffen, bekommt der Werfer den Punkt.
- Nach einer vereinbarten Zeit wechseln die Rollen.
- Die Mannschaft mit den meisten Punkten gewinnt.

1 Ball, Kreide, Kreppband, Stoppuhr

Mind. 4 TN pro Mannschaft

Beliebig

9 x 9 m

4 Min. pro Durchgang

Passen, Fangen

Gegebenfalls Mittelspieler in der Werfermannschaft einsetzen.

Flaschen leer schießen

Zwei Mannschaften versuchen, die Flasche des Gegners so oft wie möglich umzuwerfen. Dabei verliert die Flasche Wasser. Die Mannschaft, bei der die Flasche zuerst geleert ist, hat verloren bzw. erhält einen Minuspunkt.

- Verbesserung der Wurfgenauigkeit.
- Beobachtung des gesamten Spielablaufes (Aufstellen der eigenen Flasche).
- Schulung der motorischen Fähigkeiten.

- Abwechselnd zielen die Spieler einer Mannschaft auf die gegnerische Flasche.
- Ein Spieler der Mannschaft wirft den Ball zurück hinter die Wurflinie.
- Wird die Flasche getroffen, läuft ein Spieler der getroffenen Mannschaft hin, um sie so schnell wie möglich wieder aufzustellen.
- Es wird vorher abgemacht, auf wie viele Punkte gespielt wird.

2 Gymnastikbälle, 2 Plastikflaschen, Wasser, Kreide

4 - 5 TN pro Mannschaft

Asphalt, Rasen

Der Abstand zwischen Wurflinie und Flasche beträgt 5 m

Nach Zeit oder bis eine Flasche nahezu leer ist

Zielwurf

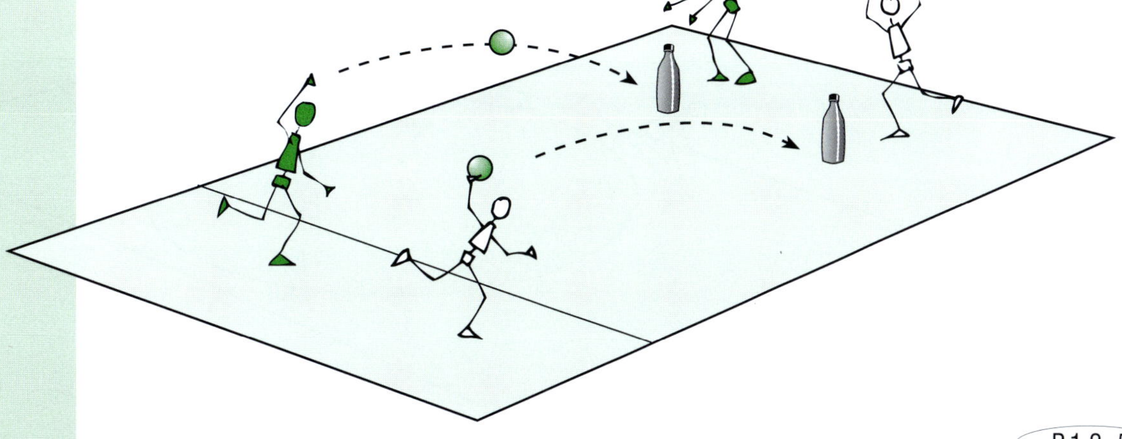

Flipper

Ziel dieses Spieles ist es, den sich im Innenraum des Kreises bewegenden Spieler mit dem Ball abzuwerfen.

- Schulung des genauen Werfens und sicheren Fangens „verkehrtherum" der Außenspieler.
- Schulung von Gewandtheit und Schnelligkeit des Innenspielers.
- Schulung der Konzentration.

- Alle Kreisspieler bilden einen Außenstirnkreis, so dass sie durch ihre Beine zielen müssen.
- Wer das „bewegliche Ziel" trifft, wechselt mit dem Getroffenen den Platz.

1 Soft- oder Volleyball

10 - 15 TN

Halle, Rasenplatz

Kreis mit 10 m Durchmesser

Nach Zeit

Passen, Fangen, Orientierungsfähigkeit

Glockenball

Eine an einer Schnur befestigte Glocke muss von den Spielern getroffen werden.

- Schulung der Wurfgenauigkeit.
- Verbesserung von Kraft, Schnelligkeit und Ausdauer.
- Schulung des Reaktionsverhaltens.

- Zwei Mannschaften stehen sich in einem Feld, das durch eine Schnur geteilt ist, gegenüber. An dieser Schnur hängt in der Mitte die Glocke.
- Trifft ein Spieler die Glocke, so muss die andere Mannschaft das Feld einmal umrunden, bis sie wieder in ihrem eigenen Feld ankommt.
- Während der Umrundung dürfen die Spieler mit dem Ball abgeworfen werden.
- Wird die Glocke getroffen, so erhält die Mannschaft 3 Punkte, wird ein Gegenspieler getroffen, so wird 1 Punkt vergeben.
- Mindestabstand 3 m (Linie/Kreis).

1 lange Schnur (ca. 10 m), 1 Kuhglocke oder 1 Gong, 2 Bäume bzw. 2 Pfosten

6 - 10 TN pro Mannschaft

Halle, Park, Garten

10 x 15 m

Nach Zeit oder nach Punkten

Passen, Fangen, Zielwurf

Haltet das Feld frei

Zwei Mannschaften werfen nach dem Startkommando Bälle über ein Volleyballnetz in das gegenüberliegende Feld. Das Team, das bei Abpfiff weniger Bälle im Feld hat, gewinnt.

- Verbesserung der konditionellen Fähigkeiten (Wurfkraft, Ausdauer).

- Vor dem Anpfiff und nach dem Abpfiff darf nicht geworfen werden.
- Es muss über das Seil bzw. das Netz geworfen werden.

Mehr Bälle als Spieler

4 - 16 TN pro Gruppe

Halle, Rasenplatz

Je nach Alter und Wurfvermögen

2 Min.

Keine

Keulen bewachen

An der Grundlinie (am besten vor einer Hallenwand) werden 10 - 12 Keulen aufgestellt, die von 4 Spielern einer Mannschaft bewacht werden. Die werfenden Spieler stehen hinter ihrer Grundlinie und versuchen, die Keulen umzuwerfen. Die Mannschaft, die am Schluss mehr Keulen umgeworfen hat, ist die Siegermannschaft.

- Schulung des Abwehrverhaltens
- Verbesserung der Wurfgenauigkeit
- Schulung von Wurfausdauer, Schnelligkeit, Kraftausdauer

- Es darf nur hinter der Abwurflinie geworfen werden.
- Ein Spieler der Mannschaft darf die Bälle aus dem Feld zurückholen.

10 - 12 Keulen, 1 Ball pro werfender Spieler

8 - 12 TN pro Mannschaft

Halle, Tartanplatz

12 x 15m

5 Min.

Zielwurf, Abwehrverhalten, taktisches Verhalten

Statt der Keulen sind ebenso Bälle auf Tennisringen als Ziele möglich.

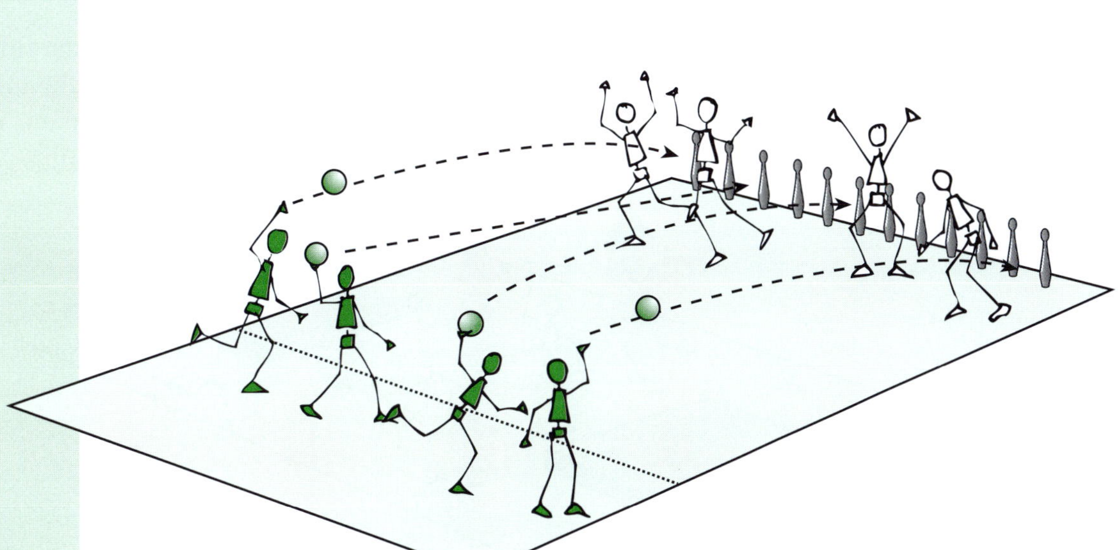

Kraftball

In jeder Feldhälfte befindet sich eine auf dem Boden liegende Weichbodenmatte, die als Tor dient. Beide Teams versuchen, Mattentreffer zu erzielen und zu verhindern.

- Förderung des Zusammenspiels durch die Schrittbegrenzung, die Ballwahl (schwer) sowie die zu überbrückende Distanz.
- Lernen eines Abwehrverhaltens, das sich als „körperloses Spiel" bezeichnen lässt, durch die „no touch"-Regel.
- Förderung der motorischen Fertigkeiten Kraft, Ausdauer, Gewandtheit.
- Automatisieren der kognitiven Fähigkeiten (sich freilaufen und anspielbereit halten).

- Mit dem Ball dürfen max. 3 Schritte gelaufen werden.
- Der Ball sollte die Mattenoberfläche treffen.
- Die Spieler dürfen weder die Matte noch andere Spieler berühren.

1 Medizinball, 2 Weichbodenmatten (Kreide für den Rasen)

3 - 7 TN pro Mannschaft

Halle, Rasen, andere Flächen

10 x 20m

Nach Zeit oder bis eine bestimmte Anzahl von Treffern erzielt wurde.

Orientierungsfähigkeit, Regelverständnis

Vor dem Spiel partnerweise sich den Ball zuwerfen und darauf achten, dass die Spieler den Ball aufrecht fangen, jedoch den Schwung durch Beugen der Knie abfedern! Ebenso sollte das Schwungholen aus den Beinen heraus geübt werden. Hierfür pro Paar einen Medizinball.

Kreisvölkerball

Zwei Jäger versuchen, die im Kreis stehenden Spieler mit einem Ball abzuwerfen.

- Schulung des schnellen Zuspiels zwischen den Außenspielern.
- Verbesserung von Geschicklichkeit und Gewandtheit der Innenspieler.

- Der Ball muss einen Bodenkontakt haben, bevor er die Spieler trifft.
- Wer getroffen wurde, wird ebenfalls Jäger.

1 Volleyball

Mind. 10 TN pro Kreis

Halle, Sportplatz

Kreis (4 - 6 m Durchmesser)

Nach Zeit oder bis nur noch ein Spieler übrig bleibt

Passen, Fangen

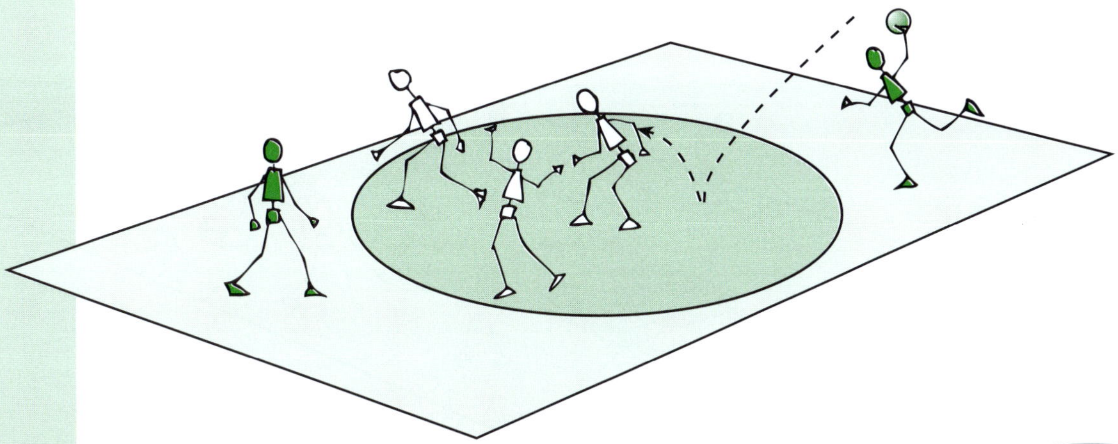

Mattenball indirekt

Ziel des Spiels ist es, mit einem Ball einen Mattentreffer durch einen indirekten Bodenwurf zu erzielen bzw. diesen Erfolg zu verhindern.

- Schulung des taktischen Verhaltens: geschicktes Freilaufen und Räume nutzen.

- Der Ball wird mit der Hand gespielt.
- Der vom Boden abspringende Ball (beim Zielwurf in Richtung gegnerische Matte) kann von der verteidigenden Mannschaft noch in der Luft über der Weichbodenmatte „erhechtet“ und abgewehrt werden.
- Mit dem Ball dürfen nur 1-2 Schritte gelaufen werden. Dribbeln mit dem Ball ist nicht erlaubt.

2 Weichbodenmatten, 1 Ball (z.B. Handball, Volleyball)

6 - 8 TN pro Team

Einfach-Halle

15 x 25 m

Nach Zeit oder nach Punkten

Passen und Fangen

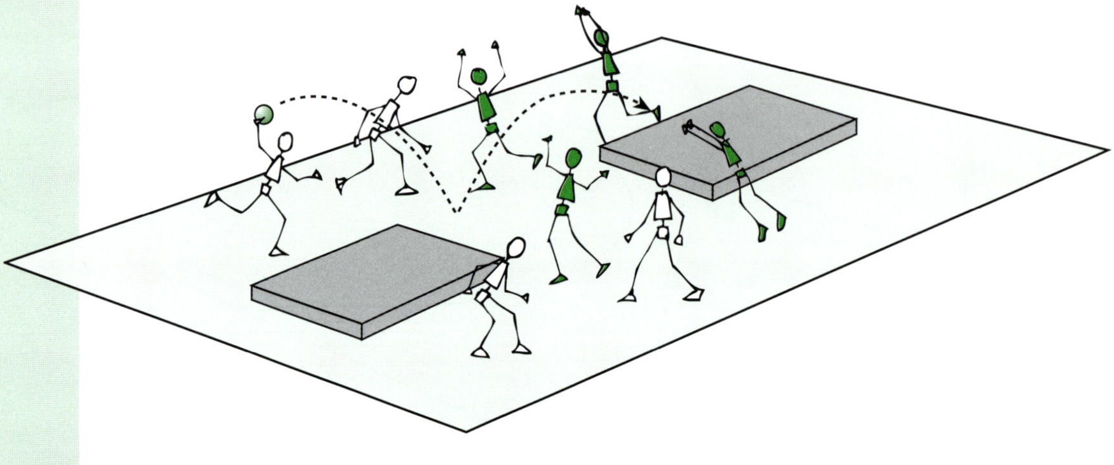

Monarchball

Diese Jägerballvariante hat ebenfalls ein Abwerfen der Teilnehmer zum Ziel, dabei erhöht sich aber im Laufe des Spiels die Anzahl der Jäger (Monarchen).

- Förderung von Schnelligkeit, Ausdauer.
- Schulung von Reaktionsfähigkeit und Wurfgenauigkeit.
- Entwicklung spieltaktischen Verhaltens.

- Ein Spieler wird zum „Obermonarch" ernannt und durch ein Farbband gekennzeichnet.
- Jeder abgeworfene Spieler bekommt zur Kennzeichnung ebenfalls ein Farbband.
- Der „Obermonarch" darf mit dem Ball laufen und abwerfen, die „Untermonarchen" (abgeworfene Spieler) dürfen sich nur ohne Ball freilaufen und nur aus dem Stand abwerfen.

1 Ball, Markierungsbänder

Zwei Mannschaften mit mind. 5 Spielern pro Mannschaft

Sporthalle, Sportplatz

Handballfeldgröße

Nach Absprache oder bis alle Spieler abgeworfen wurden

Passen, Fangen, Freilaufen

Rettungsball

Ein Fänger versucht, alle anderen Spieler zu fangen. Sobald jedoch einem bedrohten Spieler ein Ball zugeworfen wird, darf er nicht mehr abgeschlagen werden.

- Förderung des Zusammenspiels sowohl zwischen den Fängern als auch zwischen den „Gejagten“.
- Schulung von Schnelligkeit und Ausdauer.
- Verbesserung der Wurfgenauigkeit.

- Ein Spieler wird zum Fänger ernannt.
- Um sich vor ihm zu schützen, spielen die restlichen Spieler sich einen Ball zu und/oder laufen weg.
- Ist der Fänger erfolgreich, so wird der Gefangene zum Fänger.

1 Soft- oder Volleyball, Parteibänder

Mind. 8 TN

Halle oder Rasenplatz

15 x 20m

10 Min.

Passen, Fangen

Dieses Spiel kann ebenso gut mit 2 Fängern und 2 Bällen gespielt werden. Es ist jedoch ratsam, auch bei vielen Spielern erst mit einem Ball und einem Fänger zu beginnen. Die Fänger sollten gekennzeichnet werden.

Schildball

Die Gruppe wird in Hasen und Jäger unterteilt, wobei die Jäger sich den Ball so zuwerfen müssen, dass sie möglichst schnell alle Hasen abgeworfen haben. Die Hasen befinden sich in einem festgelegten Spielfeld (z.B. Volleyballfeld) und jeder Hase trägt einen Medizinball mit sich, den er als Schutzschild benutzen kann, d.h., trifft ein Jäger mit dem Ball den Medizinball statt den Hasen, war es ein Fehlschuss. Trifft er ihn am Körper, so legt der Hase seinen Medizinball ab und wird ebenfalls zum Jäger.

- Förderung der Wurfgenauigkeit.
- Förderung der Kooperationsbereitschaft zwischen den TN.
- Förderung der motorischen Eigenschaften durch das Halten der Medizinbälle und schnelles Reagieren.
- Kognitive Schulung durch interne Absprache unter den Hasen.

- Die Jäger dürfen höchstens 3 Schritte mit dem Ball gehen.
- Die Jäger dürfen beim Werfen das Feld der Hasen nicht betreten.

Blaues Schild: Die Hasen schützen sich nun durch Turnmatten, wobei immer vier Hasen sich hinter einer Matte verstecken. Wenn ein Hase getroffen wurde, wechselt er zu den Jägern. Wird eine Matte nur noch von 2 Hasen gehalten, so werden alle Hasen zu Jägern.

1 Soft- oder Volleyball, je Hase ein Medizinball

Mind. 5 TN pro Mannschaft

Halle, Rasenplatz

15 x 30 m

Bis alle Hasen zu Jäger geworden sind

Passen, Fangen, Zielwurf

Schlangenjagd

Die Gruppe wird in ein Schlangenteam (ca. 6 - 10 Spieler) und in ein Werferteam (ca. 3 Spieler) aufgeteilt. Die freilaufenden Spieler des Werferteams passen sich den Ball so zu, dass sie den letzten Spieler der Schlange abwerfen können.

- Förderung des Zusammenspiels und einer gemeinsamen Taktik (Schützen des Schlangenendes).
- Förderung der motorischen und koordinativen Fähigkeiten
- Verbesserung der kognitiven Fähigkeiten (die Absichten der Werfer frühzeitig erkennen).

- Der ballführende Spieler darf mit dem Ball nicht laufen.
- Wird der Schlangenletzte getroffen, so wechselt er zum Werferteam.
- Die Schlange kann sich entweder um die Hüfte fassen oder sich an einem Sprungseil festhalten.

Schlangenbiss: Berührt der Schlangenkopf einen Spieler der werfenden gegnerischen Mannschaft, so wird der Berührte ein weiteres Glied der Schlange.

1 Soft- oder Volleyball, 1 - 2 Seile

Mindestens 4 TN pro Gruppe

Halle oder Rasenplatz

15 x 20m

Nach Zeit

Passen, Fangen, taktisches Verhalten

Schwarz und Weiß

Die „weißen" und „schwarzen" Spieler stehen sich im Abstand von 3 m zur Mittellinie gegenüber. Ruft der Spielleiter „Schwarz", versucht diese Mannschaft, die auf der Mittellinie liegenden Bälle zu erreichen, um die zu ihrer Grundlinie fliehende Mannschaft „Weiß" zu treffen. Jeder hat einen direkten Gegenspieler.

- Schulung der koordinativen Fähigkeiten.
- Verbesserung der Wurfgenauigkeit und der Wurfkraft.
- Schulung des Antrittsvermögens und der Schnelligkeit.
- Verbesserung der Konzentrationsfähigkeit.

- „Schwarz" darf in diesem Fall eine festgelegte Linie nicht überlaufen.
- Wird ein Spieler getroffen, erhält die werfende Mannschaft einen Punkt.

❶ *Startposition:* Die Startpositionen können in vielfältiger Weise verändert werden. So kann z.B. die Rückenlage, die Bauchlage, der Sitz, der Schneidersitz etc. eingenommen werden.
❷ *Kohle und Schnee:* Das Kommando wird durch Gegenstände, die mit „schwarz" und „weiß" in Verbindung gebracht werden, verschlüsselt.
❸ *Wahrheit und Lüge:* Eine Mannschaft startet bei wahren Begebenheiten, die andere bei Lügen.

Pro „Schwarz-Weiß-Paar" 1 Ball

Max. 10 TN pro Gruppe

Halle oder Rasenplatz

10 x 20 m

Nach Zeit oder nach Durchgängen

Zielwurf

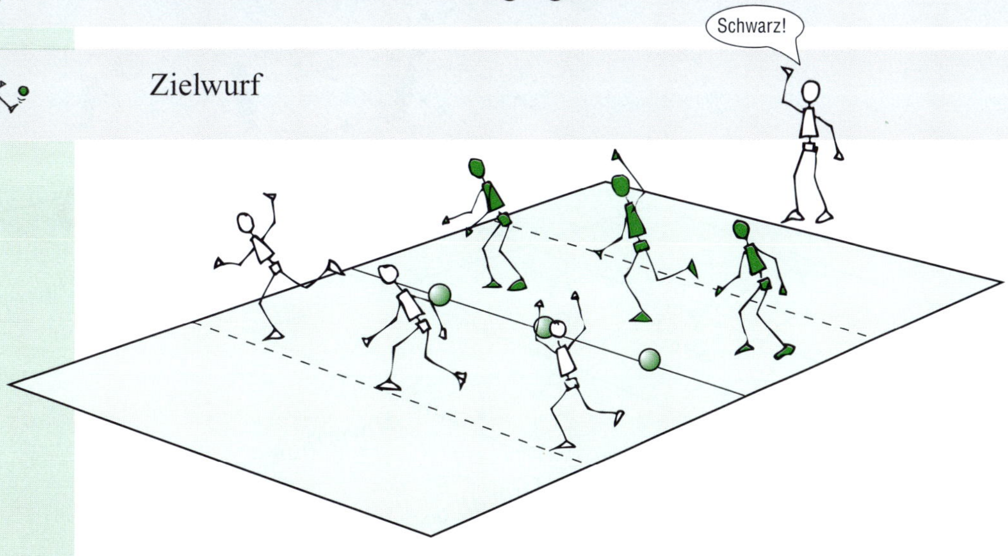

Treibball

Beide Spielpartner versuchen in der vereinbarten Wurfart den Partner über die jeweilige Grundlinie zu treiben.

- Schulung des dynamischen, weiten Werfens.

- Von der Abwurflinie (s. Skizze) wird der Ball in Richtung Gegner geworfen, der seinerseits von der Fangstelle aus zurückwirft.
- Verschiedene Wurfarten sind möglich: Einwurf wie beim Fußball; rücklings durch die Beine mit beiden Händen; rücklings als Bogenwurf; als Sprungwurf wie beim Basketball etc.
- Ein Punkterfolg ist erreicht, wenn ein Partner über seine Grundlinie getrieben wurde.

Ball (Hand-, Volleyball etc.), Markierungen

2 bzw. 4 TN pro Spielfeld

Halle oder im Freien

10 x 20 m

Nach Absprache oder bis ein Partner 2x (3x, 4x etc.) über die Grundlinie getrieben wurde

Fangen

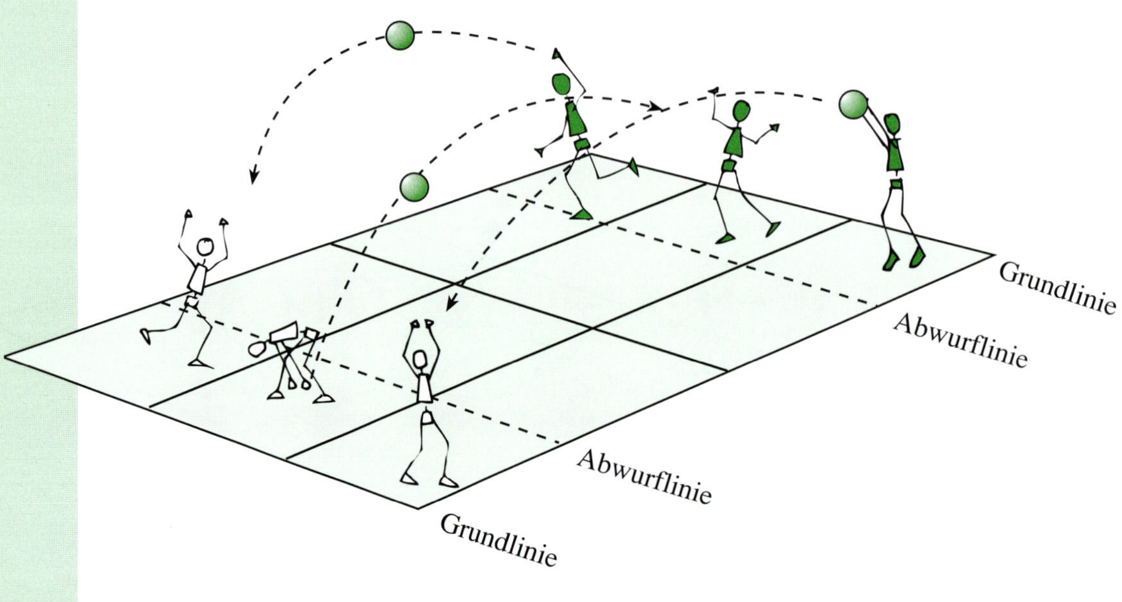

Turmball

Jede Mannschaft versucht, ihrem Spieler auf dem kleinen Kasten den Ball zuzuspielen.

- Verbesserung der Wurfgenauigkeit.
- Schulung der kognitiven Fähigkeiten.

- Jeder vom Turm-Spieler gefangene Ball zählt einen Punkt.
- Jeder „Turm“ ist von einer Sicherheitszone umgeben, die nicht betreten werden darf.
- Mit dem Ball dürfen nur 3 Schritte gelaufen werden.
- Der Ball darf höchstens 3 sec in der Hand ruhen.
- Nach Punkterfolg setzt die gegnerische Mannschaft das Spiel an der Mittellinie fort.
- Der Spieler auf dem Kasten darf diesen nicht verlassen, wenn ein Punkt erzielt werden soll.

Pylonen-Turmball: Zwei Mannschaften spielen so gegeneinander, dass sie erst nach 3 Pässen ihrem „Turmwächter“ den Ball zupassen können. Dieser fängt ihn nicht mit den Händen sondern mit einem Pylonen (Hütchen) auf. Die Regeln entsprechen denen des Turmball-Spiels.

1 Ball, 2 kleine Kästen

5 - 7 TN pro Gruppe

Halle, Tartanplatz

Basketballfeldgröße

Nach Zeit oder nach Punkten

Passen, Fangen

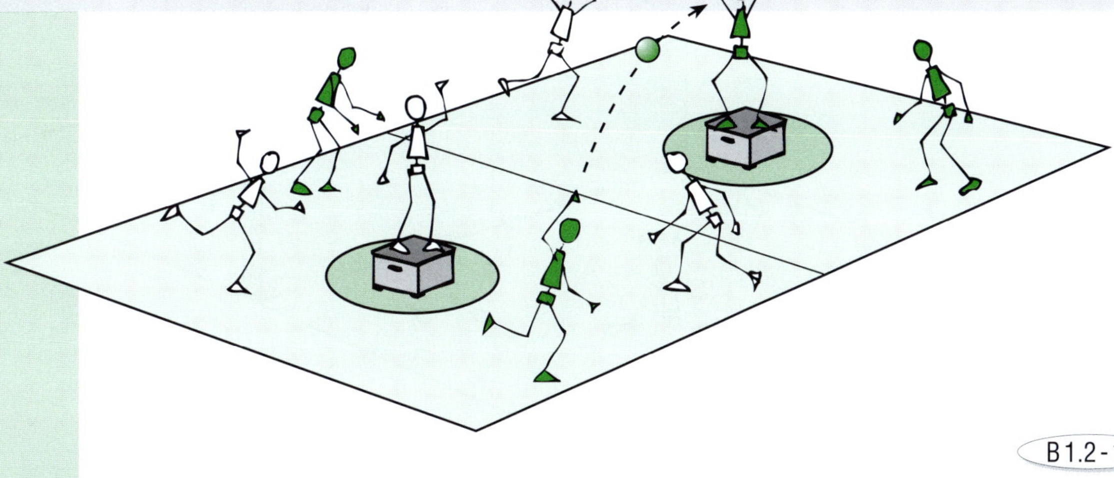

Überraschungsball

Zwei Mannschaften spielen einen Ball so über eine Mauer aus Weichbodenmatten, dass er im gegnerischen Feld den Boden berührt.

- Schulung des Reaktionsvermögens.
- Umsetzung von Koordinations- und Kooperationsaspekten im Spiel.

- Die Spieler dürfen sich nur im Sitzen/auf Knien fortbewegen.
- Alle Spieler müssen aus der Knie- oder Sitzlage spielen.
- Der Erstfänger darf den Ball nicht sofort zurückwerfen.
- Die 3. Ballberührung innerhalb der Mannschaft muss spätestens zum Zielwurf führen.

❶ Einsatz verschiedener Bälle.
❷ Es werden mehrere Bälle gleichzeitig eingesetzt.
❸ Es werden „Tabuzonen“ (schraffierte Felder) eingerichtet, auf denen Treffer doppelt zählen.
❹ Neben Bällen können auch andere Kleingeräte mit eingesetzt werden.

1 Ball, Weichbodenmatten als Sichtschutz, Kästen zum Stabilisieren, Bodenmatten zum Auslegen der Spielfläche

Mind. 4 TN pro Mannschaft

Sporthalle

Volleyballfeldgröße

Nach Absprache

Werfen, Fangen, spieltaktisches Verständnis

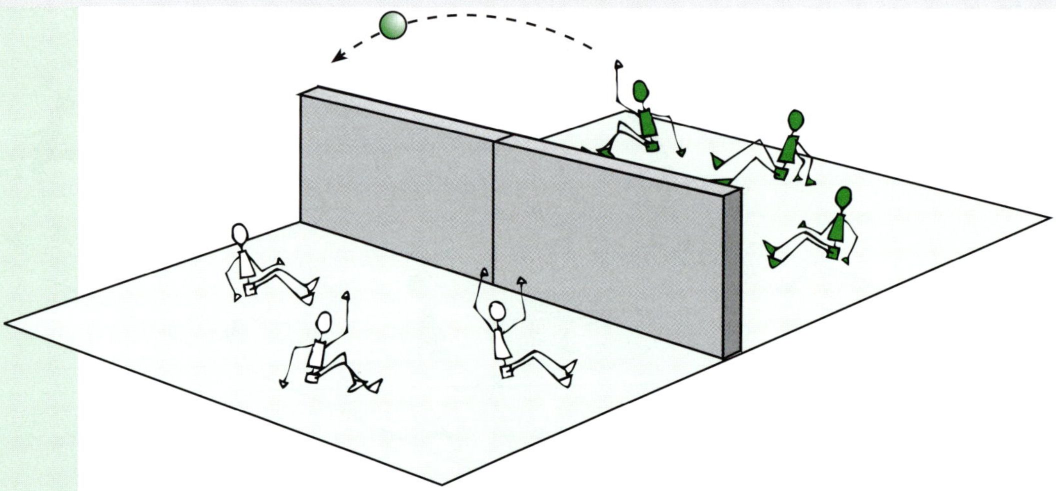

Völkerball

Zwei gleich große Mannschaften spielen gegeneinander und versuchen, durch geschicktes Zuspiel mit dem eigenen „Hintermann“ die Teilnehmer der gegnerischen Mannschaft abzuwerfen.

- Förderung von Reaktionsfähigkeit, Schnelligkeit, Orientierungsfähigkeit.
- Schulung der Wurfgenauigkeit.
- Förderung des spieltaktischen Verhaltens.

- Jede Mannschaft benennt einen „Hintermann“, der zunächst hinter dem gegnerischen Mannschaftsfeld steht und erst als „Joker“ zum Schluss ins Spielfeld geholt wird.
- Die abgeworfenen Spieler verlassen das Spielfeld und stellen sich zu ihrem „Hintermann“ an die Grundlinie.
- Gelingt diesen Feldspielern ein Abwurf, so dürfen sie wieder von ihrem Spielfeld aus mitspielen.
- Sind alle Feldspieler aus dem Feld geworfen, so muss der „Hintermann“ ins Feld.
- Der „Hintermann“ muss dreimal getroffen werden, bevor auch er ausscheidet.
- Bei „Fangball“ scheidet der getroffene Spieler nicht aus.
- Wird der Ball von der gegnerischen Mannschaft gefangen, so kann diese nun die „Jagd“ auf die Spieler der anderen Mannschaft eröffnen.

1 Ball

Mind. 6 TN pro Mannschaft

Sporthalle, Sportplatz

Volleybaldfeldgröße

Bis alle Mitspieler abgeworfen wurden oder nach Zeit oder Punkten

Passen, Werfen, taktisches Verhalten

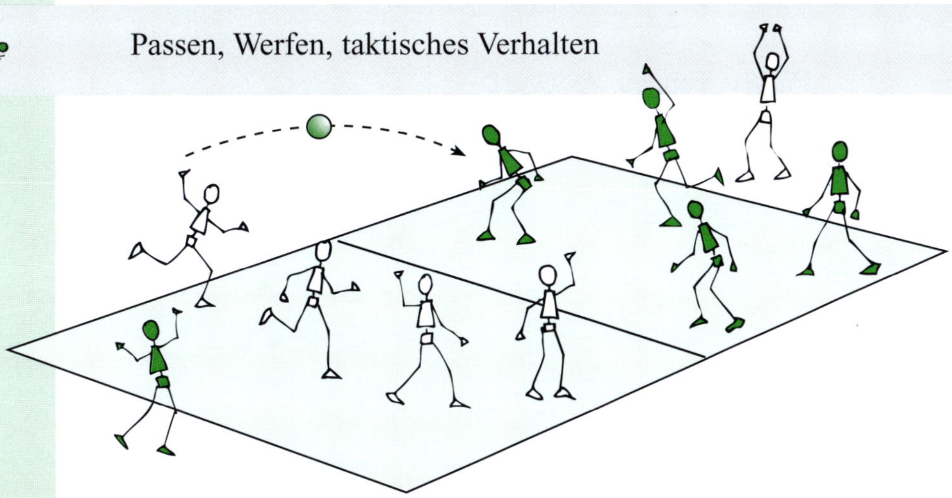

Wandball

Zwei Mannschaften spielen in je einer Hallenhälfte gegeneinander und versuchen, die Mitspieler der gegnerischen Mannschaft abzuwerfen

- Schulung der Reaktions- und Orientierungsfähigkeit.
- Förderung der Konzentrationsfähigkeit.
- Schulung der Zielgenauigkeit.

- Pro Mannschaft werden mehrere Bälle eingesetzt (mind. die Hälfte der Mitglieder jeder Mannschaft sollte 1 Ball besitzen).
- Bälle dürfen erst wieder aufgenommen werden, wenn sie die Hallenrückwand berührt haben oder still liegen, d.h. auch Berührungen durch rollende Bälle führen zum Ausschluss.
- Die getroffenen Spieler verlassen das Spielfeld.
- Wird ein Spieler der gegnerischen Mannschaft getroffen, so darf ein Spieler der eigenen Mannschaft wieder eingewechselt werden (Reihenfolge beachten!).

V

❶ Anzahl der Bälle variieren oder Verkleinerung des Spielfeldes (Breite).
❷ Der Ball darf gefangen werden. Der Fänger kann 3 Schritte in das gegnerische Feld machen und dann abwerfen. Dabei darf er aber auch abgeworfen werden.

Bälle

Mind. 5 TN pro Mannschaft

Sporthalle

2 Hallenhälften

Nach Absprache oder bis alle Spieler einer Mannschaft abgeworfen wurden

Passen, Fangen, Zielwurf

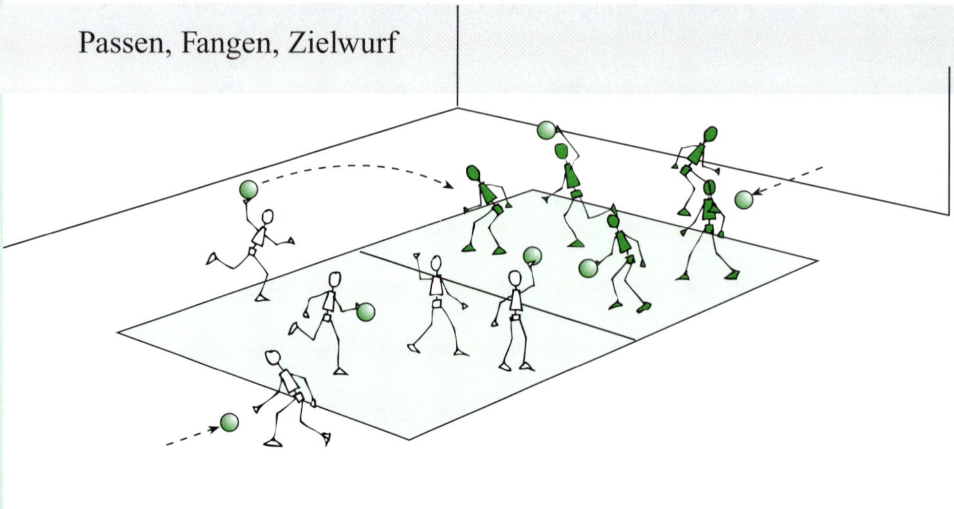

Wanderball

Welche Mannschaft hat zuerst ihren Ball um eine Stadionrunde bzw. Hallenrunde geworfen? Die Mannschaften starten gleichzeitig.

- Schulung des Zusammenspiels zwischen den Spielern.
- Schulung der Wurfgenauigkeit, Kraftausdauer und allgemeinen Ausdauer.

- Der Ball darf den Boden nicht berühren.
- Berührt er ihn doch, muss an der Startlinie neu begonnen werden.
- Mit dem Ball darf nicht gelaufen werden.
- Die Spieler sprechen ihre Taktik selber ab.

Pro Mannschaft 1 Ball

5 - 8 TN pro Mannschaft

Halle, Stadion

400 m oder eine andere Strecke

Bis eine Mannschaft im Ziel ist

Passen, Fangen

Werfer und Läufer

Die Läufer (Team A) müssen eine markierte Strecke (z.B. Außenlinie des Basketballfelds) nacheinander zurücklegen. In der Zwischenzeit spielt sich Team B den Ball in einer Gasse zu.
Welche Mannschaft hat sich öfter den Ball zuspielen können?

- Verbesserung des Zusammenspiels von Team B.
- Förderung der Ausdauerleistung von Team A.

- Die Werfer bilden eine Gasse mit einem Abstand von ca. 6 - 8 m und werfen sich den Ball so lange zu, wie die Läufer unterwegs sind.
- Jeder Wurf wird gezählt.
- Sobald alle Läufer die Ziellinie passiert haben, wird gewechselt.

1 Handball

6 - 8 TN pro Mannschaft

Halle, Rasen,

10 x 20 m

2 Durchgänge

Passen, Fangen

Trefferball

Die „beweglichen Ziele“ (Übungsleiter oder Mitspieler) laufen langsam vor der Hallenwand entlang und halten dabei ein Schutzschild (kleine Matte) vor sich. Die Werfer versuchen aus einer festgelegten Entfernung das Schutzschild möglichst oft zu treffen.

- Schulung der Wurfgenauigkeit und Förderung der Kraftausdauer bei den Werfern.
- Schulung der Kraftausdauer und Schnelligkeit bei den Läufern.

- Die Spieler mit den „beweglichen“ Zielen dürfen die Matten nicht wegdrehen.
- Die Partei, die die meisten Treffer erzielt hat, ist Sieger.

Pro Spieler einen Ball

4 - 6 TN pro „Schutzschild“

Halle

10 x 15 m

2 Min., dann erfolgt ein Wechsel

Zielwurf

Der Abstand der Werfer zu den „beweglichen Zielen“ sollte den Wurfvoraussetzungen der TN angepasst sein.

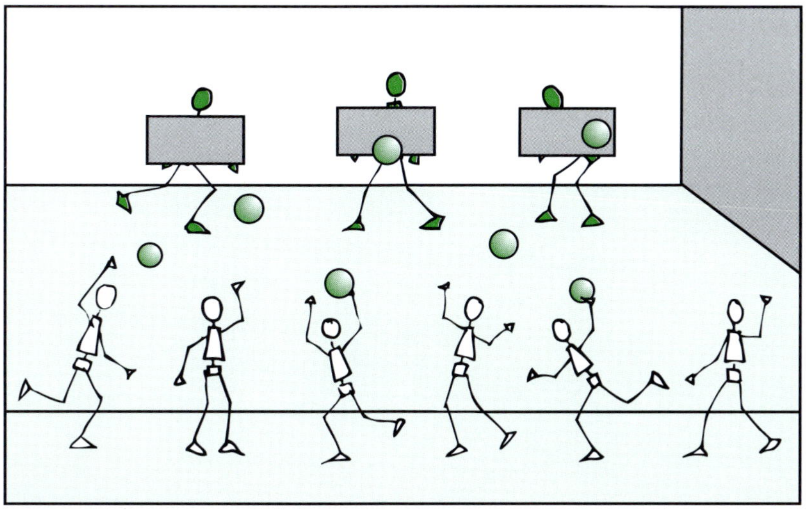

Haltet die Seiten frei

Jeder Spieler versucht, die in seinem Feld liegenden Bälle in das andere Feld zu schlagen.

➟ Förderung der Ballsicherheit.

➟ Es wird eine „Sicherheitszone“ festgelegt, die nicht betreten werden darf.
➟ Die Bälle, die in der Sicherheitszone liegen, dürfen nicht mehr gespielt werden.
➟ Beim Abpfiff legen die Spieler ihre Schläger weg.

1 Schläger pro Spieler, ca. 10 Bälle pro Seite, Klebeband zur Markierung der Sicherheitszone

Max. 3 TN pro Seite

Halle, Tennisplatz, Tennishalle, Tartanplatz

Volleyballfeld (9 x 18 m)

Bis auf einer Seite keine spielbaren Bälle mehr sind oder nach Zeit (z.B. 40 sec)

Auge-Hand-Koordination, Sportartspezifische Techniken

Der Einsatz des Spielmaterials (z.B. Speckbrettschläger/Tennisball oder Badmintonschläger/Federball) hängt von der Spielfeldgröße ab.

Kleiderbügeltennis

Mit einem selbstgebauten Tennisschläger spielen sich die Partner einen besonderen Ball zu.

➠ Schulung des Ballgefühls mit einem ungewöhnlichen Sportgerät.

➠ Es wird direkt oder mit einmaligem Bodenkontakt gespielt.
➠ Spielmöglichkeiten ergeben sich auf zwei Feldern mit einem Netz oder aber auch in der Kreisaufstellung bzw. sich gegenüberstehend.

Pro Spieler 1 Schläger (Draht-Kleiderbügel bespannt mit einer alten Feinstrumpfhose); 1 Ball (zusammengeknülltes Zeitungspapier mit Strumpfhosenbezug) oder Tischtennisball pro Paar bzw. Doppel

1 - 2 TN pro Seite

Überall

5 x 5 m pro Spielfeld

Bis die Strumpfhose Laufmaschen hat, der Ball nicht mehr gespielt werden kann oder ein bestimmtes Ergebnis erzielt wurde

Auge-Hand-Koordination

Man kann sowohl miteinander als auch gegeneinander nach Punkten spielen.

Kreisball

Der Ball wird innerhalb eines Kreises so oft wie möglich zugespielt.

- Förderung des Zusammenspiels zwischen den Spielern.
- Schulung von Ballgefühl und Ballsicherheit.

- Der Ball darf den Boden nicht berühren.
- Ein Spieler darf nicht zweimal hintereinander den Ball berühren.

1 Speckbrettschläger pro Spieler, Tennis- oder Softtennisball

4 - 8 TN pro Kreis

Überall

Kreisdurchmesser ca. 10 m.

Beliebig

Auge-Hand-Koordination

Zuspiel mit der Hand

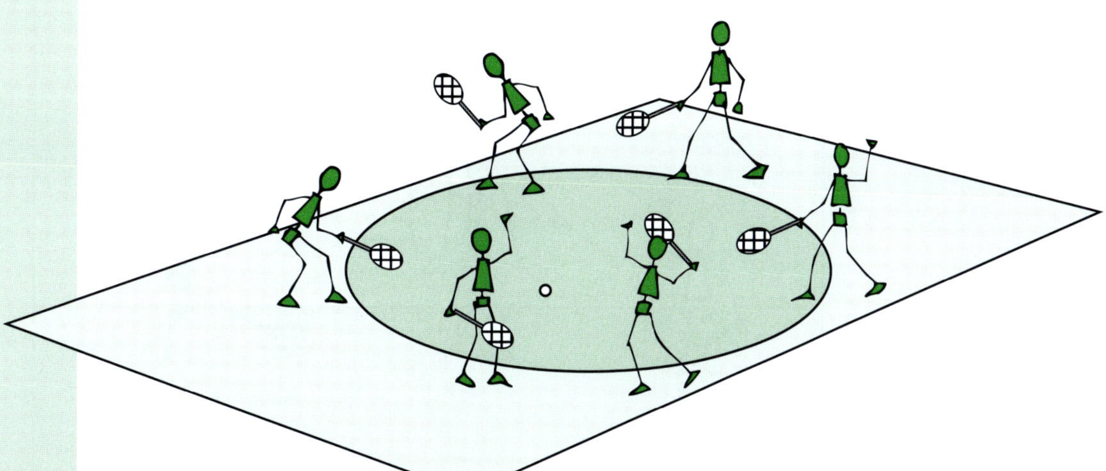

Reifentennis

Zwei Spieler spielen einen Ball durch einen hochgehaltenen Reifen.

- Schulung der Kooperationsfähigkeit vor allem zwischen Spieler und Reifenhalter ist wichtig.
- Verbesserung der Zielgenauigkeit und der Ballsicherheit.

- Der Ball darf den Boden nicht berühren.
- Der Reifenhalter hält den Reifen so, dass die Spieler möglichst oft treffen.
- Nach einer festgelegten Zeit werden die Positionen gewechselt.

1 Soft-, Tennis- oder Tischtennisball, 1 Speckbrettschläger/Tischtennisschläger pro Spieler, 1 Reifen

3 TN

Überall

Beliebig

Bis ein Spieler 5 Fehler gemacht hat, dann erfolgt der Wechsel

Auge-Hand-Koordination, Zielgenauigkeit

Reifentreffen

Ein Ball wird abwechselnd in einen am Boden liegenden Reifen hin und her geschlagen. Durch geschicktes Spiel soll der Gegner zu einem Fehler gezwungen werden.

- Schulung des taktischen Verhaltens.
- Verbesserung der Auge-Hand-Koordination.

- Der Ball wird mit der Hand gespielt.
- Der aus dem Reifen hoch springende Ball kann entweder direkt oder nach einmaligen Aufprellen im zweiten Kreis (s. Skizze) zurückgeschlagen werden.
- Fehler, die zu einem Punktgewinn führen, sind:
  - Der Ball wird nicht in den Reifen geschlagen (Reifenrand gehört zum Inneren des Reifens).
  - Der zurückspringende Ball berührt zweimal den Boden.
  - Der aus dem Reifen herausspringende Ball kommt außerhalb des zweiten Kreises zu Boden.

Pro Paar oder pro Doppelpaar ein Reifen und Markierungen für den äußeren Kreis, 1 Tennisball oder gut prellbarer Softtennisball pro Spielfeld

2 oder 4 TN pro Spielfeld

Halle, Tartanbahn, Asphalt

5 x 5 m

Nach Punkten oder nach Zeit

Auge-Hand-Koordination

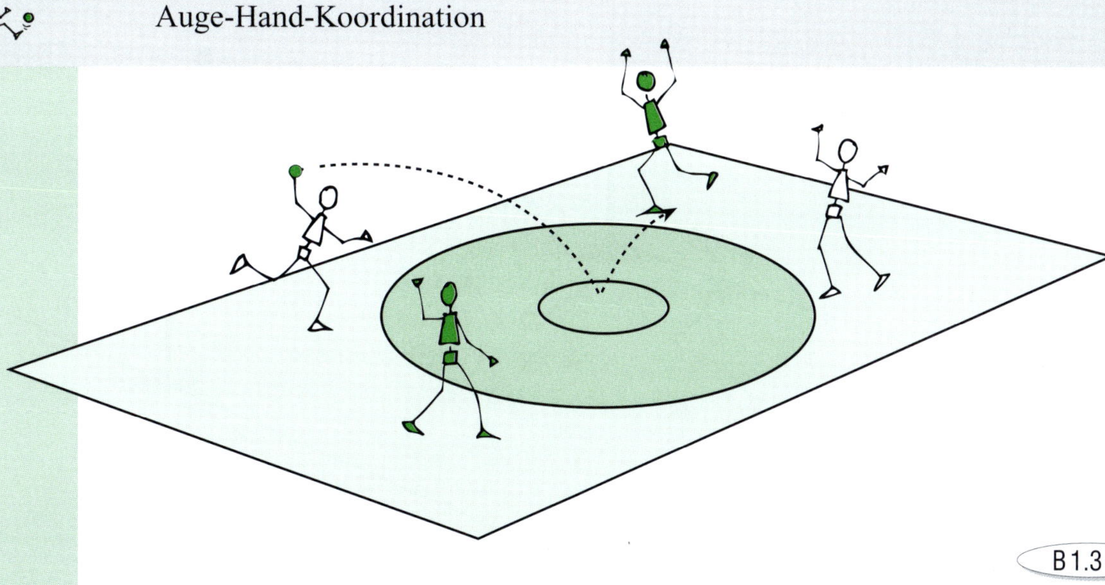

Volley-Tennis

Der Ball wird über eine Schnur gespielt, volley angenommen und weitergespielt.

- Förderung des Zusammenspiels.
- Verbesserung des Ballgefühls, der Ballsicherheit und der sportartspezifischen Bewegungen.
- Schulung des taktischen Verhaltens.

- Der Ball darf weder im noch außerhalb des Feldes aufspringen.
- Die Spieler dürfen sich den Ball untereinander zuspielen.
- Gezählt wird wie beim Tischtennis.

1 Softtennisball, 1 Speckbrettschläger pro Spieler, Leine

3 TN pro Seite

Halle, Rasenplatz, Tartanplatz

5 x 10 m

Bis 21 Punkte

Auge-Hand-Koordination, sportartspezifische Grundtechniken.

Zielprellen

Zwei Spieler prellen den Ball nacheinander in den Kreis am Boden. Wer nicht mehr zurück in diesen Kreis prellen kann, verliert einen Punkt.

- Verbesserung des Ballgefühls.
- Förderung der taktischen Fähigkeiten.

- Der Ball darf nur im Zielkreis den Boden berühren.
- Geprellt wird mit einem Schläger.

1 Tennisball pro Spielerpaar, 1 Speckbrettschläger pro Spieler, Kreide

2 TN pro Kreis

Halle, Tartanplatz,

Kreisdurchmesser ca. 3 - 5 m

Nach Absprache oder nach Punkten

Auge-Hand-Koordination

- Zunächst ist es ratsam, die Spieler miteinander statt gegeneinander spielen zu lassen. Welches Spielerpaar hält den Ball am längsten im Spiel?
- Mit der Hand prellen.

Ballhalten

Zwei Mannschaften spielen sich den Ball zu und versuchen ihn in ihren Reihen zu halten. Unterstützt werden sie dabei von einem neutralen Spieler.

- Förderung des Zusammenspiels (Überzahlspiel).
- Schulung von genauem Zuspiel.
- Erlernen von Abwehrverhalten (Störverhalten).

- Die ballführende Mannschaft wird durch einen neutralen Spieler verstärkt.
- Gezählt werden die Ballkontakte, die eine Mannschaft schafft, ohne dass das andere Team zwischendurch den Ball berührt hat.
- Gelingt der gegnerischen Mannschaft eine Ballberührung, so wechselt der Ballbesitz, ein „neutraler" Spieler ergänzt diese Mannschaft.
- Es ist nicht erlaubt, die Mitspieler unterzutauchen oder zu bespritzen.

1 Ball

4 - 8 TN pro Mannschaft

Schwimmbad, See, Meer

Je nach Gewässer; Wassertiefe: hüft- bis brusttief

Bis eine Mannschaft eine festgelegte Anzahl von Ballkontakten erreicht hat

Passen, Fangen, taktisches Verhalten

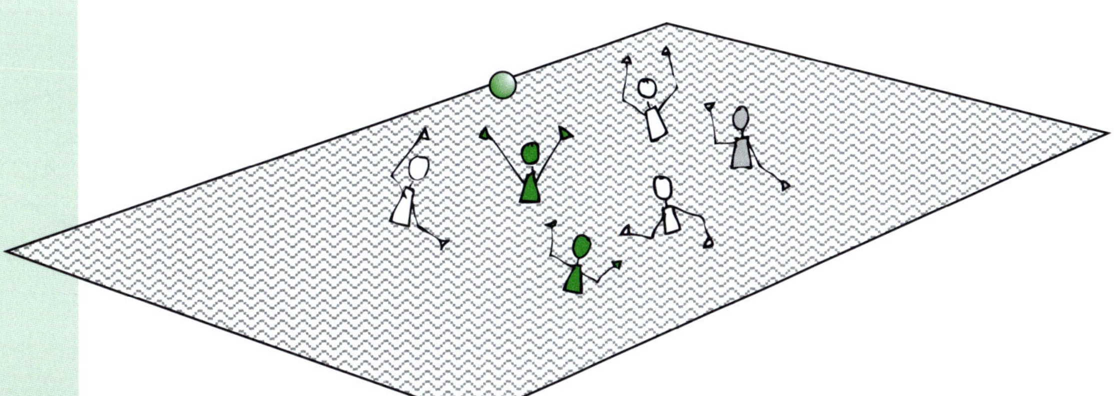

Ball über die Schnur

Ein weicher, leichter Ball wird über die Schnur geworfen.

- Förderung der konditionellen Fähigkeiten durch Wasserwiderstand.

- Der Ball darf die Wasseroberfläche nicht berühren.
- Bälle, die die Schnur berühren bzw. nicht über die Schnur geworfen werden, zählen einen Punkt für den Gegner.

1 - 3 oder mehr Plastikbälle, 2 Ständer mit Zauberschnur

2 - 6 TN pro Seite

Schwimmbad

Wird je nach Spielerzahl festgelegt; Wassertiefe: hüft- bis brusttief

2 x 10 Min.

Werfen, Fangen, taktisches Verhalten

Das Spiel kann durch weitere Bälle spannender gemacht werden.

Feld freihalten

In einer festgelegten Zeit versuchen beide Mannschaften, ihr Feld von Bällen freizuhalten.

- Passen, Fangen, taktisches Verhalten, Förderung der konditionellen Fähigkeiten (Ausdauer, Wurfkraft etc.).

- Das Feld ist durch eine schwimmende Kette getrennt.
- Um ein nachträgliches Werfen zu vermeiden, tauchen bei Pfiff alle Spieler unter.
- Nach dem Abpfiff werden die Bälle im jeweiligen Feld gezählt.

Pro Spieler zwei Bälle (Wasserbälle, Gymnastikbälle, Tennisbälle etc.)

Beliebig

Schwimmbad

20 x 30 m; Wassertiefe: hüft- bis brusttief

Bis ein Feld frei von Bällen ist oder nach Zeit

Keine

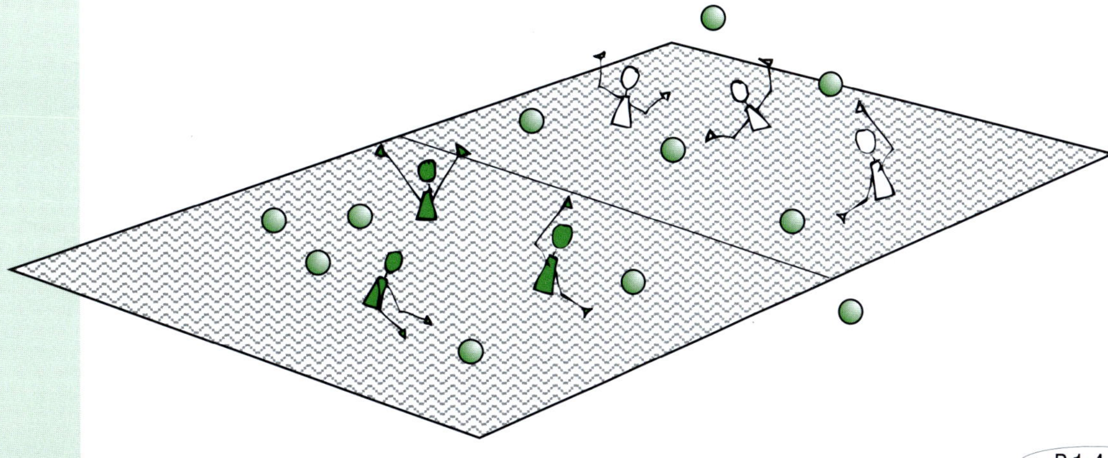

Wasser-Basketball

Für dieses Spiel werden zwei Körbe benötigt, oder aber 2 Eimer, die durch Tauchringe beschwert werden können. Ziel ist es, seine Mitspieler so freizuspielen, dass sie unbedrängt auf den Korb zielen können.

➠ Förderung der konditionellen Fähigkeiten.

➠ Körperloses Spiel sowohl über als auch unterhalb der Wasseroberfläche.
➠ Mit dem Ball in den Händen darf sich nicht fortbewegt werden.

1 Plastik- oder Gummiball, 2 Körbe bzw. Eimer

4 - 6 TN pro Mannschaft

Schwimmbad

Je nach Spielerzahl; Wassertiefe: hüft- bis brusttief

2 x 10 Min.

Passen, Fangen, taktisches Verhalten

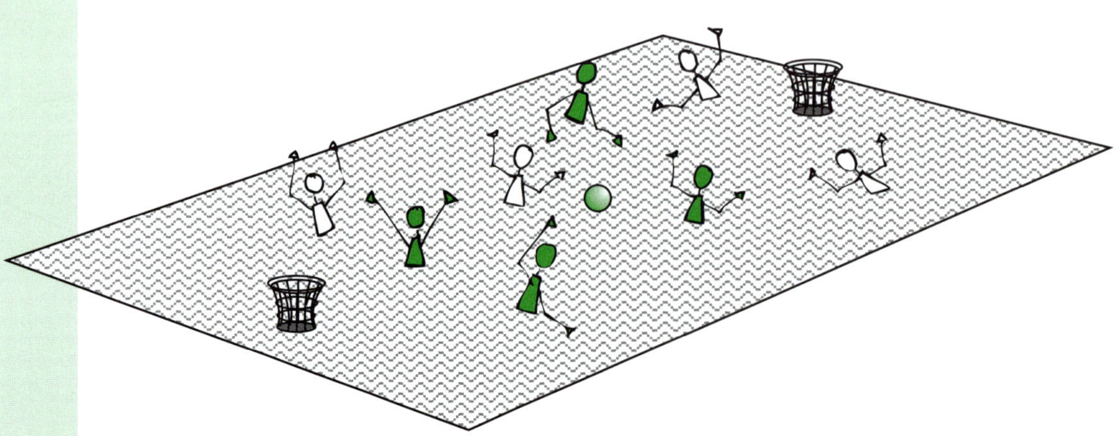

Wasser-Ringtennis

Ein Tennisring wird mit einer Hand geworfen und sollte aus der Luft gefangen werden.

- Schulung des taktisches Verhalten.
- Förderung der Kooperation in den Mannschaften.

- In der Luft darf der Ring nicht flattern.
- Berührt er die Wasseroberfläche, so bekommt die andere Mannschaft einen Punkt.
- Vor dem Wurf darf nicht angetäuscht werden.
- Der Ring darf links wie rechts geworfen und gefangen werden.
- Das Zuspiel innerhalb der Mannschaft ist erlaubt.

1 Tennisring bzw. 1 Lamellen-Tauchring, 2 Ständer mit Zauberschnur

2 - 7 TN pro Seite

Schwimmbad

Abgestimmt auf die Spielerzahl; Wassertiefe: hüft- bis brusttief

Bis eine Mannschaft 21 Punkte erzielt hat

Passen, Fangen (einhändig)

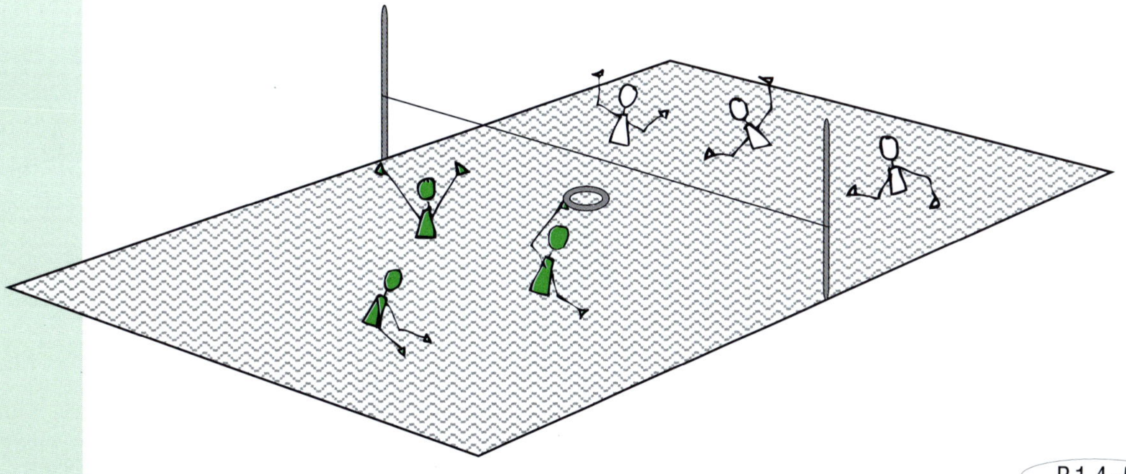

Wasser-Rugby

Ein Ball wird unter erschwerten Bedingungen in das gegnerische Tor befördert.

- Förderung des Zusammenspiels.
- Schulung von genauem Zuspiel.
- Erlernen von Abwehrverhalten.
- Förderung der konditionellen Fähigkeiten.

- Das Spiel beginnt in der Mitte durch Anwurf vom Schiedsrichter (auch nach jedem Tor).
- Der Ball darf nur nach hinten abgespielt werden.
- Nur der im Ballbesitz befindliche Spieler darf angegriffen werden.
- Vorsicht: Es steht auch hier die Gesundheit im Vordergrund, nicht nur das Punktesammeln!

Wasserbälle

5 - 8 TN pro Mannschaft

Schwimmbad

Nicht länger als 20 m; Wassertiefe: hüft- oder brusttief

2 x 10 Min.

Passen, Fangen, taktisches Verhalten

In tiefem Wasser ist Rugby konditionell sehr anspruchsvoll und verlangt auch eine strenge Auslegung der Regeln.

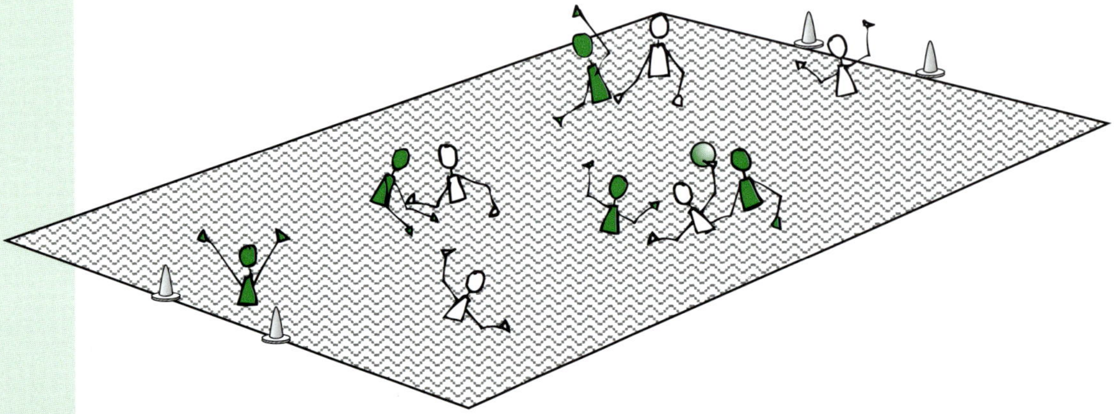

Wasser-Volleyball

Ein alt bekanntes Spiel im neuen Element! Wasser-Volleyball unterscheidet sich in folgenden Punkten vom Hallen-Volleyball:
- Es wird mehr Zeit benötigt, um an einer bestimmten Stelle zu sein. Besonders im tiefen Wasser ist der Spieler stärker an einen Ort gebunden.
- Folglich kostet das Rotieren sehr viel mehr Zeit.
- Die Technik muss ebenfalls auf die Möglichkeiten im Wasser abgestimmt werden, d.h. es wird vorwiegend mit einer Hand gespielt und in tiefem Wasser wird nicht gebaggert.

➡ Förderung des Zusammenspiels.
➡ Förderung der konditionellen Fähigkeiten.

➡ Eine Mannschaft spielt den Ball über das Netz.
➡ Der Ball darf innerhalb der Mannschaft beliebig oft gespielt werden.
➡ Auf das Rotieren kann verzichtet werden.
➡ Der Ball darf auch mit dem Handrücken gespielt werden.

1 Ball: Für Kinder und Anfänger 1 großer aufblasbarer Plastik- oder Gummiball, für Fortgeschrittene wassertaugliche Volleybälle;
1 Netz: 2 Ständer an den Seitenränder befestigen und mit einer Zauberschnur verbinden oder ein freischwimmendes Netz.

4 - 16 TN (je nach Feldlänge)

Schwimmbad

Feldlänge 5-6m (4-10 TN), Feldlänge 6-9m (8-16TN); Wassertiefe: hüfttiefes Wasser; Netzhöhe 0,60m-1,50m je nach Wassertiefe und Spielkönnen

2 Gewinnsätze oder auf Zeit

Volleyballspezifische Techniken, taktisches Verhalten

Wasser-Volleyball im Kreis

Ohne großen materiellen Aufwand spielen sich die Spieler den Ball im Kreis zu. Es dominiert der Gedanke des „Miteinanderspielens".

➠ Sich gemeinsam im Wasser bewegen und Spaß haben.

➠ Der Ball darf so wenig wie möglich die Wasseroberfläche berühren.

1 Ball

2 - 10 TN, besser sind mehrere kleine Kreise, um häufiger Ballkontakte zu haben

Schwimmbad, See, Meer

Nach Bedarf; Wassertiefe: hüfttiefes Wasser

Auf Zeit

Volleyballspezifische Techniken, Schwimmfähigkeit

Auch Frisbeescheiben, kleine Soft- oder Tennisbälle können über das Wasser fliegen.

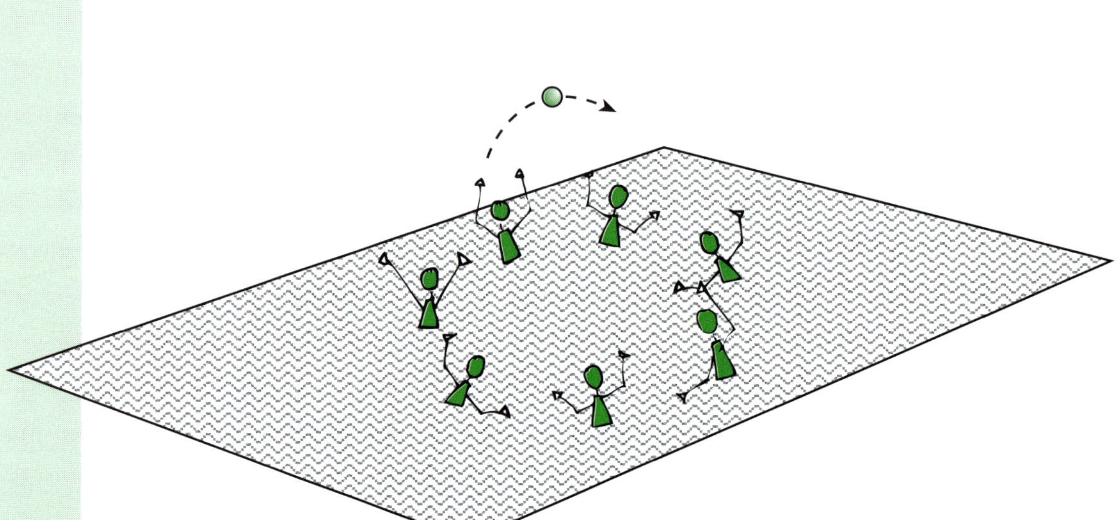

Handtuchballstaffel

Die Spieler werden in 2 Gruppen eingeteilt, wobei wiederum Paare gebildet werden sollen. Jedes Paar hält ein Handtuch bzw. eine Decke. Der Ball wird nun auf Kommando mit der Decke zu einer Wendemarke getragen und dort über eine hochgespannte Leine (1,50 - 2,00 m) geschleudert. Bevor der Ball auf den Boden fällt, muss er von dem Paar mit der Decke wieder aufgefangen und zur Startlinie zurückgebracht werden. Dort wird der Ball von Tuch zu Tuch zum nächsten Paar der Mannschaft weitergegeben.

- Förderung des gemeinsamen Handels.
- Schulung von Geschicklichkeit, Gewandtheit und Schnelligkeit.

- Gemeinsamer Start der Mannschaften.
- Feste Reihenfolge der Mannschaftsspieler.

1 Ball pro Gruppe, 1 Handtuch pro Paar, 1 Zauberschnur

Mind. 8 TN pro Gruppe

Halle

10 x 20 m

Nach Absprache

Keine

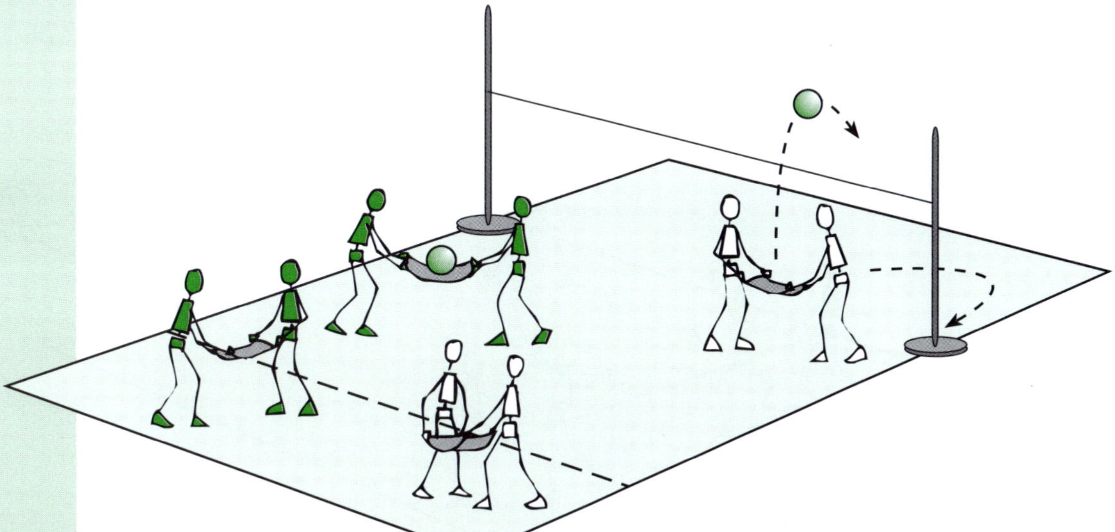

Fußball-Staffel

Der Ball wird bis zu einer festgelegten Schusslinie gedribbelt. Von dort aus erfolgt ein Zielschuss in ein Kasten-/Handball-/Fußballtor. Nach erfolgreichem Zielschuss erhält die Mannschaft einen Punkt, ansonsten dribbelt der Spieler auf direktem Weg zurück und übergibt hinter der Startlinie den Ball an den nächsten Mitspieler.

- Vertiefung der Grundtechniken Dribbeln und Zielschuss.
- Automatisieren der Bewegungen unter dem Aspekt der Schnelligkeit.

- Gemeinsamer Start der Mannschaften.
- Feste Reihenfolge der Mannschaftsspieler.

1 Fußball, kleine Kästen

Mind. 4 TN pro Mannschaft

Halle, Rasenplatz

10 x 20m

Nach Absprache

Dribbling, Zielschuss

Hindernisstaffel mit Ball

Bei dieser Staffel sind Aufgaben zu lösen. So kann man
- den Ball über eine 2 m hoch gespannte Schnur werfen und wieder auffangen,
- den Ball am Umkehrpunkt in ein umgedrehtes Kästchen werfen,
- den Ball auf einer Langbank rollen und wieder aufnehmen,
- über eine Kastentreppe rennen.

➡ Förderung der koordinativen Fähigkeiten.
➡ Schulung der Schnelligkeit.

➡ Gemeinsamer Start der Mannschaften.
➡ Feste Reihenfolge der Mannschaftsspieler.

Verschiedene große und kleine Geräte, 1 Volleyball

Mind. 4 TN pro Mannschaft

Halle

10 x 20 m

Nach Absprache

Keine

Weitere Aufgaben können mit der Gruppe erarbeitet/zusammengestellt werden.

Platzwechsel mit Ball

Die Startläufer laufen mit einem Ball zu einer 6 - 10 m entfernten Linie. Von dort aus wird der Ball zum nächsten Mitspieler geworfen, der noch an der Grundlinie wartet. Sobald er den Ball gefangen hat, darf er starten. Es gewinnt die Mannschaft, die als erste vollzählig hinter der Ziellinie steht.

➠ Schulung der Wurfgenauigkeit.

➠ Gemeinsamer Start der Mannschaften.
➠ Feste Reihenfolge der Mannschaftsspieler.

1 Ball pro Mannschaft

Mind. 4 TN

Halle, Rasen, Tartan

15 - 22 m, je nach Fertigkeitsniveau kann der Wurfabstand variiert werden

Nach Absprache

Fangen, Zielwurf

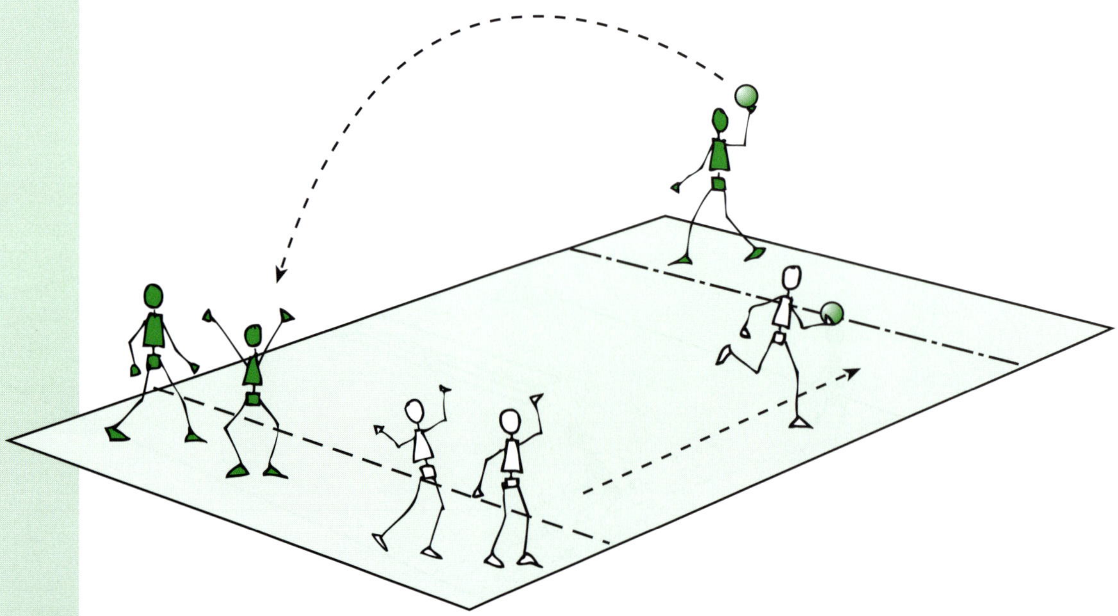

Slalomlauf mit Ball

Jede Mannschaft durchdribbelt einen Slalom-Parcours, auf dem sich ca. 6 - 8 Keulen (Hütchen) im Abstand von 1 - 2 m befinden. Bei Erreichen des Ziels durchrollt der Ball die gegrätschten Beine der Mitspieler, bis der letzte der Reihe den Ball aufnimmt und erneut startet. Der soeben aktive Spieler reiht sich vorne in die Reihe seiner Mitspieler ein.

- Schulung der sicheren Ballführung unter Wettkampfbedingungen.

- Gemeinsamer Start der Mannschaften.
- Feste Reihenfolge der Mannschaftsspieler.

6 - 8 Keulen oder Hütchen, 1 Hohlball

Mind. 4 TN pro Mannschaft

Halle, Rasen, Tartan

15 x 20 m

Nach Absprache

Enge, kontrollierte Ballführung

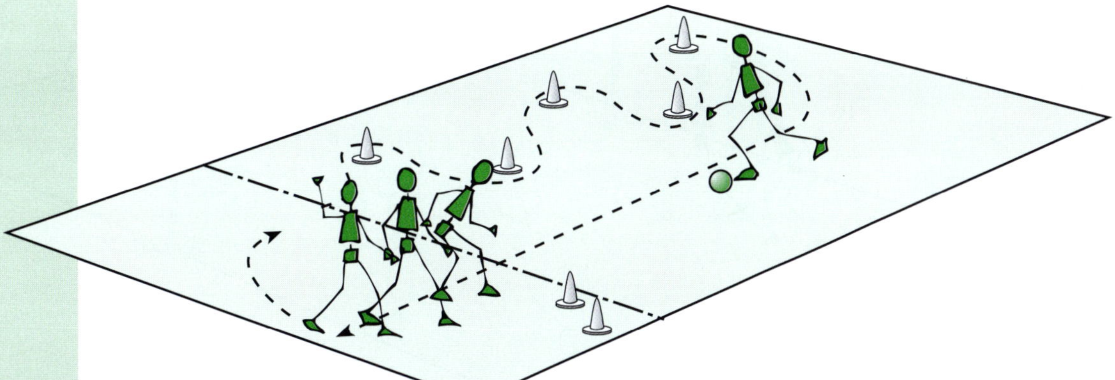

Volleyball- Staffel

Nach dem Motto „Laufen und Spielen“ stehen sich die Spieler einer Mannschaft im Abstand von ca. 5 m zum Netz gegenüber. Jede Mannschaft pritscht oder baggert sich nun fortlaufend den Ball über das Netz zu. Nach jedem Abspiel stellt sich der Spieler wieder hinten an. Die Mannschaft, die den Ball länger im Spiel halten kann, hat gewonnen.

- Vertiefung der Grundtechniken Baggern und Pritschen.
- Schulung von kontrolliertem Zuspiel.
- Förderung von Beweglichkeit und Reaktionsschnelligkeit.

- Gemeinsamer Start der Mannschaften.
- Feste Reihenfolge der Mannschaftsspieler.

1 Volleyball, 1 Netz oder 1 Zauberschnur

Mind. 4 TN pro Mannschaft

Halle, Tartanplatz, Rasen

9 x 18 m

Nach Absprache

Pritschen, Baggern

B 2 Sportspiel-verwandte Ballspiele

2.1 Fußball-verwandte Spiele
2.2 Handball-verwandte Spiele
2.3 Basketball-verwandte Spiele
2.4 Volleyball-verwandte Spiele
2.5 Individuelle Rückschlagspiele
2.6 Hockey-verwandte Spiele
2.7 Rugby-verwandte Spiele
2.8 Baseball-verwandte Spiele
2.9 Faustball-verwandte Spiele

Doppeltor

Ein gewöhnliches Fußballspiel zweier Mannschaften, die jedoch auf mehrere Tore schießen können. Die Tore sind sowohl von vorne als auch von hinten durchspielbar.

- Schulung des Angriff- und Abwehrverhaltens.
- Schulung des taktischen Verhaltens (Erkennen von freien Toren und sich freilaufender Mitspieler).

- Es darf nicht zweimal hintereinander das gleiche Tor durchschossen werden.
- Der Schuss durchs Tor muss von einem Mitspieler angenommen werden.

1 Fußball, 6 - 10 Hütchen, Parteibänder

6 - 12 TN pro Mannschaft

Halle, Rasen

10 x 20 m

5 - 10 Min.

Passen, Stoppen, taktisches Verhalten

Felderfußball

Zwei Mannschaften versuchen, den Ball ins gegnerische Tor zu schießen. Dabei dürfen die Spieler nur bestimmte Räume (Felder) betreten. Um das Tor zu schützen, befinden sich 1 - 2 Spieler im Torraum.

- Förderung des Zusammenspiels
- Schulung kognitiver Fähigkeiten (der Spieler ist nur für ein bestimmtes Feld zuständig und muss rechtzeitig abspielen)
- Verbesserung der fußballerischen Grundtechniken

- Angreifer dürfen sich im Torraum nicht aufhalten.
- Der Spieler, der auf das Tor schießt, kann den Ball direkt aus der Luft annehmen.
- Die Torraumspieler dürfen den Ball mit den Händen berühren.

1 Fußball, 6 Hütchen, Kreide bzw. Kreppband

Spielerzahl: mehr als 4 TN pro Mannschaft

Halle, Rasen- oder Tartanplatz

10 x 20 m, 2 Tore (Hallenseite bis 2 m Höhe)

Nach Zeit bzw. nach Toren

Ballannahme, direktes Zuspiel, taktisches Verhalten

Zunächst mit einem Wasser- oder Strandball beginnen.

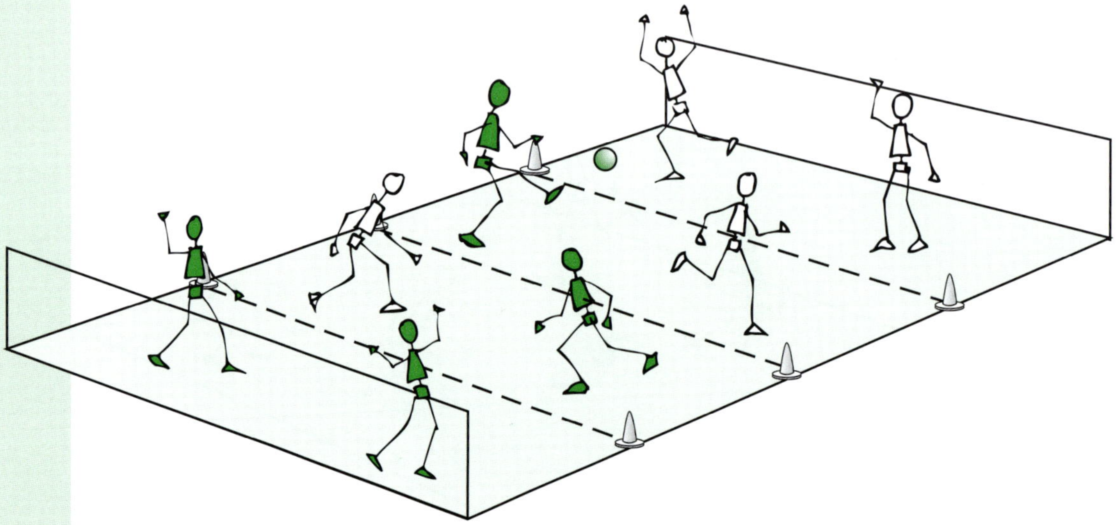

Flussdurchquerung

Ziel ist es, innerhalb einer bestimmten Zeit mit dem Ball möglichst oft den Fluss (Mittelteil der Halle) zu durchqueren und in die an den Ufern stehenden Tore zu schießen. Im Fluss gibt es jedoch Flusspiraten, die versuchen, den Spielern den Ball wegzunehmen. Gelingt ihnen dies, so wechseln Flusspirat und Spieler die Position.

- Verbesserung des Angriffsverhalten (Flussdurchquerer)
- Verbesserung des Abwehrverhaltens (Flusspiraten)
- Schulung der Ballgewandtheit

- Für jede gelungene Durchquerung erhält der Spieler einen Punkt.

Pro Spieler 1 Fußball, 4 Langbänke

8 - 12 TN und 2 - 4 Flusspiraten

Halle

10 x 20 m

5 Min., dann erfolgt ein Wechsel der Flusspiraten

Individuelles Taktikverhalten, Zweikampf

Ha-Fu-Kopfball

Zwei Mannschaften spielen gegeneinander, wobei jeweils die Hälfte der Spieler Handball spielt, die andere Hälfte Fußball. Tore können nur mit dem Kopf erzielt werden.

- Schulung technischer Fertigkeiten der Sportspiele
- Intensives Üben des zielgerichteten Kopfstoßes
- Verbesserung der konditionellen Grundeigenschaften

- Die gesamten Stirnwände bis ca. Reichhöhe gelten als Tore.
- Die „Kopfballlinie" darf nicht überschritten werden.
- Jede Mannschaft teilt Handball- und Fußballspieler ein, die entsprechend gekennzeichnet werden.
- Tore dürfen nur mit dem Kopf erzielt werden.
- Für die jeweiligen Spieler gelten die Handball- bzw. Fußballregeln
- Befindet sich der Ball unter Hüfthöhe, so dürfen nur die „Fußballer" weiterspielen, befindet sich der Ball über Hüfthöhe, dürfen entsprechend nur die „Handballer" spielen.

Soft-, Prell- oder Volleyball, Mannschaftsbänder, Markierungslinien

12 -16 TN

Sporthalle, Sportplatz

Handballfeldgröße

Nach Zeit oder Anzahl der Treffer

Grundformen Werfen und Fangen, Ballannahme und -abgabe; Kopfstoß

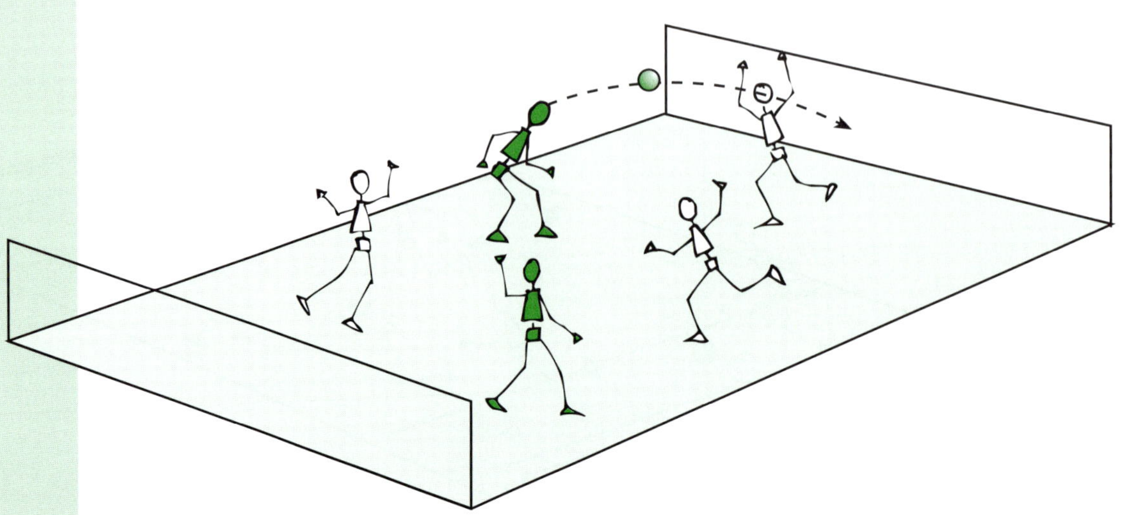

Krebsfußball oder auch Sitzfußball

Der wesentliche Unterschied zum Basisspiel Fußball ist die Fortbewegungsart, die hier gewählt wird. Die Spieler befinden sich im Liegestütz rücklings, um sich so im Krebsgang fortzubewegen, oder im Sitz und stützen beide Hände hinter dem Körper auf, um vorwärts zu stützeln. Das Ziel jeder Mannschaft ist es, den Ball so oft wie möglich über die gegnerische Torlinie zu spielen.

- Stärkung der gesamten Muskulatur

- Sowohl das Berühren des Balles mit der Hand als auch das Lösen beider Hände vom Boden führen zum Freistoß.
- Im Torraum (ca. 2 m von der Grundlinie) dürfen sich nur 3 Verteidiger aufhalten.
- Bei Torschüssen darf der Ball nicht über Kopfhöhe fliegen.

1 Fußball, 4 Markierungshütchen, ggf. Bänke, 2 Kastenoberteile

4 - 8 TN pro Mannschaft

Halle, Rasen

10 x 20 m

2 x 3 Min.

Keine

Als Außenfeldbegrenzung sind auf der Seite liegende Langbänke (Sitzfläche nach innen) sehr nützlich.

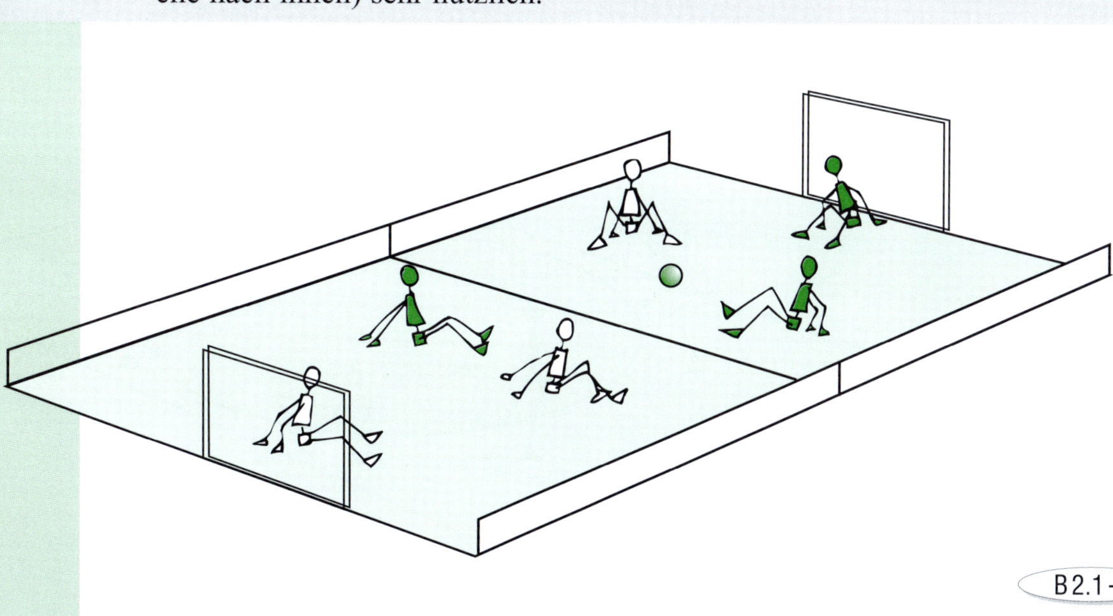

Kreisfußball

Zwei Teams spielen gegeneinander. Die verteidigende Mannschaft bildet einen Kreis, Abstand vom Nachbarn ca. 1 - 1,5 m. Die andere Mannschaft teilt sich auf die Fläche innerhalb und außerhalb des Kreises auf (1 Drittel innerhalb/2 Drittel außerhalb). Das ballführende Team versucht nun, sich den Ball durch den gegnerischen Kreis hindurch zuzuspielen.

- Schulung des direkten Zuspiels (Angreifer).
- Förderung taktischer Verhaltensweisen.
- Förderung abwehrtechnischer Fertigkeiten (Abwehr).

- Jeder gelungene Pass (hin oder zurück) bringt einen Punkt.
- Die Anzahl der Pässe innerhalb oder außerhalb des Kreises kann eingeschränkt werden.
- Nach der Halbzeit tauschen die Teams ihre Rollen.

1 Fußball

Mind. 6 TN pro Mannschaft

Sporthalle, Sportplatz

Fläche mit entsprechendem Kreisdurchmesser

2 x 20 Minuten oder nach Absprache

Passen, Stoppen, Abwehrtechniken, taktisches Verständnis

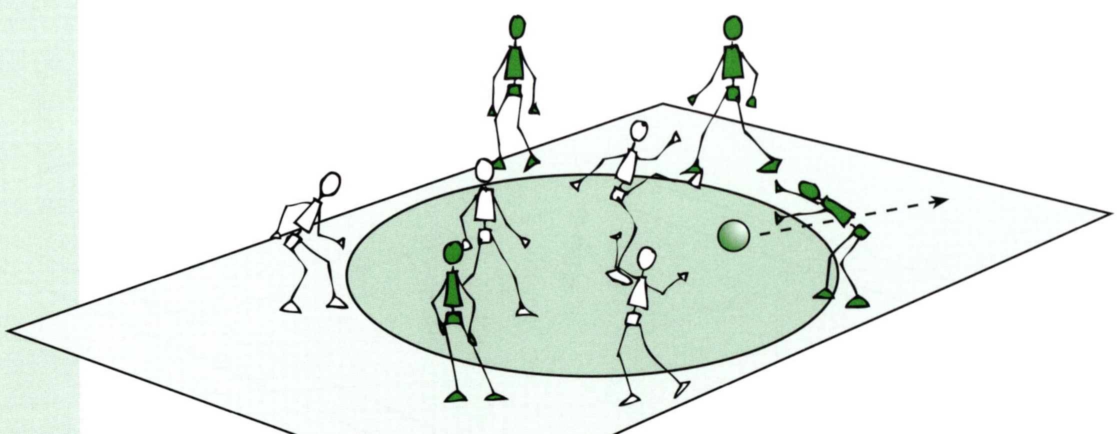

Siamesischer Fußball

Immer zwei Spieler halten sich an den Händen und versuchen paarweise, im gegnerischen Spielfeld Tore zu schießen.

- Förderung der Kooperation zwischen den Paaren (z.B. Absprechen des Laufweges etc.).
- Schulung von koordinativen Fähigkeiten.

- Die Paare müssen sowohl beim Laufen als auch beim Torschuss Handkontakt halten.

1 Fußball, 4 Hütchen

4 - 10 TN pro Mannschaft

Halle, Tartan, Rasen, Strand

Je nach Spielerzahl

15 Min.

Passen, Stoppen, Zielschuss, Koordination

Überraschungsei-Fußball

Das eigenartige Roll- und Flugverhalten des amerikanischen Football-„Eis" bringt neue Reize in das übliche Fußballspiel. Unvorhergesehene Richtungsänderungen des Balles zwingen die Spieler, schnell zu reagieren.

- Schulung des Reaktionsvermögens (Einschätzung des Flugverhaltens).
- Verbesserung des taktischen Verhaltens.

- Das „Ei" darf nur mit dem Fuß gespielt werden.
- Es wird nach den üblichen Fußballregeln gespielt.

1 Football, 4 Hütchen bzw. 2 Matten

4 - 10 TN pro Mannschaft

Halle, Rasenplatz, Park etc.

Basketballfeldgröße

2 x 10 Min.

Passen, Ballannahme

Volley-Torschuss

Eine Gruppe von Spielern spielt gegen einen wechselnden Torwart. Die Feldspieler müssen den Ball aus der Luft annehmen, um ein Tor erzielen zu können. Zu Beginn des Spiels haben alle am Spiel Beteiligten ein Punktepolster von 3 Punkten (der 1. Torwart erhält 4 Punkte).

- Förderung des Zusammenspiels zwischen den Feldspielern.
- Schulung der Ballgeschicklichkeit.
- Verbesserung der kognitiven Fähigkeiten (schnelles Entscheiden und schnelles Handeln des Torwarts).

- Erreicht der Torwart den Ball nicht, so wird ihm ein Punkt abgezogen.
- Berührt der Ball vor dem Schuss den Boden oder verfehlt der Schütze das Tor, wechselt er mit dem Torwart die Position.
- Hat ein Spieler keine Punkte mehr, so scheidet er aus.
- Berührt der Ball beim Torschuss die Latte oder den Pfosten, so wird dem Torwart kein Punkt abgezogen.

1 Fußball, 1 Tor

3 - 5 TN und ein Torwart

Halle, Rasenplatz

10 x 10 m

Bis der Gewinner feststeht

Direktes Spiel, Ballannahme aus der Luft

Wurschteln

Vier Spieler kämpfen jeder gegen jeden auf ein Tor. Zu Beginn des Spiels, nach Torerfolg und sonstigen Unterbrechungen, wird der Ball hochgeworfen und dann „losgewurschtelt". Bei kleinem Tor kann sogar ohne Torwart gespielt werden.
Wer zuerst 5 Tore erzielt hat, ist Sieger.

➠ Förderung der Ballgewandtheit und des Durchsetzungsvermögens.

➠ Die Fairness steht im Vordergrund.

1 Fußball, 2 Hütchen oder 1 Tor

4 TN pro Tor

Halle, Tartan, Rasen

10 x 20m

10 Min.

Dribblings, Abwehrverhalten, Zweikampf

Gegebenenfalls kann auch auf 2 Tore gespielt werden.

Drei-Tore-Handball

Das Schönste beim Handball ist das Torewerfen. Aus diesem Grund gibt es beim folgenden Spiel auf jeder Seite 3 Tore.

- Förderung des Zusammenspiels.
- Verbesserung des Torwurfes.
- Schulung des Torwart-Verhaltens.

- In jedem Tor befindet sich ein Torhüter.
- Der Torraum hat eine Tiefe von 5 m.
- Die angreifenden Spieler dürfen den Torraum nicht betreten.
- Mit Ball dürfen maximal 3 Schritte gemacht werden.

Die Tore werden mit unterschiedlichen „Wertigkeiten" belegt: So erhält der Werfer für einen erfolgreichen Torwurf auf Tor 1 einen Punkt, auf Tor 2 zwei Punkte und beim dritten Tor drei Punkte.

1 Handball, 12 Hütchen bzw. Fahnenstangen

7 - 10 TN pro Team

Halle, Rasenplatz etc.

Kleine Halle bis Handballfeld

2 x 15 Min.

Passen, Fangen, Zielwurf, taktisches Verhalten

Stetiger Wechsel der Tor- und Feldspieler nach einem gegnerischen Torerfolg.

Drei-Zonen-Ball

Das Spielfeld ist in drei Zonen unterteilt: In den beiden Außenfeldern wird Handball gespielt, im Mittelfeld Fußball

- Schulung der sportspielspezifischen Techniken und Fertigkeit.

- In den jeweiligen Dritteln wird nach sportspielspezifischen Regeln gespielt.
- Die Spieler dürfen sich nur in ihren jeweiligen Dritteln bewegen
- Tore können von allen Spielern in den jeweiligen Techniken erzielt werden.
- Der Ball darf nur über jeweils eine Drittellinie hinweg gepasst werden.
- Bei Spielunterbrechung dürfen die Spieler die Plätze in den Dritteln tauschen.
- Nach einem Torerfolg erfolgt Anstoß von der Mittellinie.

Ball in Volleyballgröße, Markierungshütchen zur Einteilung in Drittel, zwei Handballtore oder Weichböden

12 - max. 34 TN

Sporthalle, Sportplatz

Handballfeldgröße

Nach Zeit oder nach Punkten

Fangen und Werfen, Ballannahme und -abgabe; grundlegende Regeln des Handball- und Fußballspiels

Grenzball

Zwei Mannschaften stehen sich im Abstand einer Wurfweite gegenüber und versuchen im Wechsel, die gegnerische Mannschaft durch weite Würfe nach hinten zu drängen. Punkte werden vergeben, wenn die gegnerische Grenzlinie überworfen wurde.

- Verbesserung der Fang- und Wurfleistungen.
- Abstimmung der Spieler untereinander.

- Der erste Wurf erfolgt von der Anwurflinie.
- Der Auftreffpunkt des Balles auf dem Boden gilt als Abwurfstelle für den Rückwurf.
- Die Würfe erfolgen nach einer festgelegten Reihenfolge.

1 Schlagball (Hohlball)

6 - 12 TN pro Mannschaft

Halle, Rasen

10 - 20 m x 120 m - 150 m (bei Hohlball entsprechend kürzer)

Bis eine Mannschaft z.B. 5 Punkte erspielt hat

Werfen

Um dieses Spiel abwechslungsreicher zu machen, können auch 2 Bälle eingesetzt werden.

Handballsquash

Ein Tennisball wird so gegen die Wand geworfen, dass der zurückspringende Ball innerhalb des Spielfeldes zu Boden fällt. Sobald der gegnerische Spieler den Ball nicht mehr auffangen kann, erhält das andere Team einen Punkt.

- Verbesserung der taktischen Fähigkeiten.
- Förderung der Schnelligkeit.

- Das Anspiel wird ausgelost.
- Das Anspiel erfolgt auf der rechten Seite des Spielfeldes; jede Mannschaft hat 5 Anspiele; Zählweise wie beim Tischtennis.
- Die Trefferfläche beginnt oberhalb der 2 m-Marke.
- Die Spieler dürfen sich max. 3 mal den Ball zuwerfen, danach muss auf die Wand geworfen werden.
- Trifft der Ball außerhalb des Spielfeldes auf den Boden, so zählt dies als Fehler.

Pro Spielfeld ein Tennisball, Klebeband für die Markierungslinie

2 TN pro Mannschaft

Halle

5 x 3 m

10 Min.

Fangen, Werfen

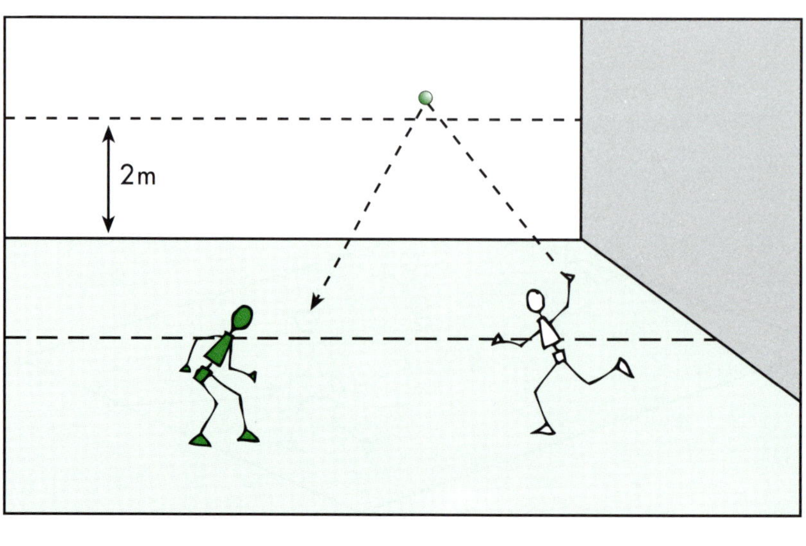

Hand-Fußball

Je nach Zuspiel und Ballannahme wird der Ball mit der Hand oder mit dem Fuß weitergespielt.

- Schulung sportspielspezifischer Fertigkeiten.
- Verbesserung taktischer Verhaltensweisen.
- Verbesserung konditioneller Grundeigenschaften.

- Begonnen wird nach Schiedsrichterentscheid mit Hand- oder Fußball.
- Beim Handballspiel darf der Ball den Boden nicht berühren, d.h., es darf auch nicht gedribbelt werden.
- Berührt der Ball den Boden, so wird sofort Fußball gespielt, und zwar so lange, bis ein Spieler den Ball direkt aus der Luft fängt.
- Die Torraumlinie des Handballfeldes ist gleichzeitig Strafraumlinie des Fußballfeldes.
- Seiten- und Stirnwände gelten beim Fußball als Banden.

1 Handball (nicht prall aufgepumpt), Handballtore

10 - 14 TN

Sporthalle, Sportplatz

Handballfeldgröße

Nach Zeit oder nach Punkten

Fangen und Werfen; Ballannahme und -abgabe; Regelkenntnisse der Sportspiele Handball und Fußball

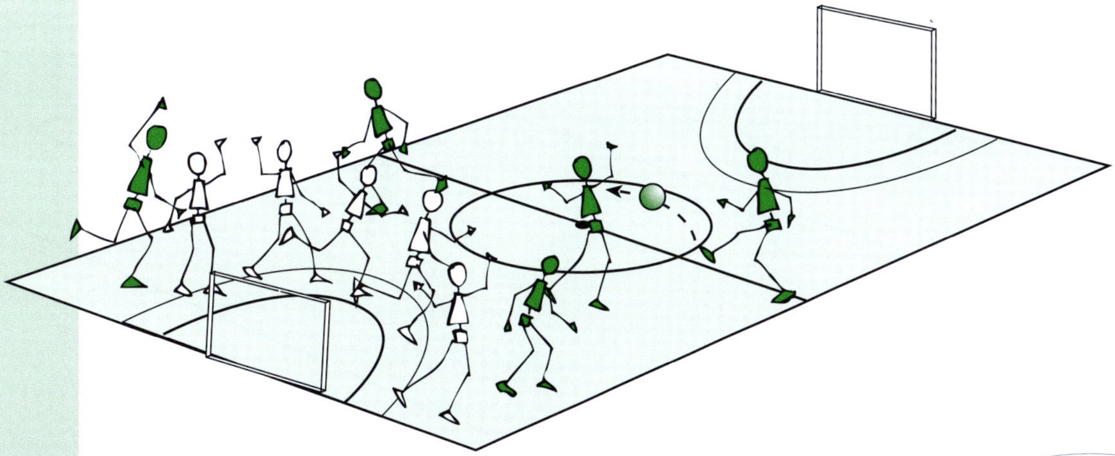

Hintertor-Ball

Die Öffnung der Tore zeigt zur Stirnwand. Tore können nur durch indirekte Würfe über die Wand erzielt werden.

- Schulung sportspielspezifischer Techniken.
- Schulung grundlegender taktischer Verhaltensweisen.

- Die ballbesitzende Mannschaft beginnt das Spiel mit einem Anwurf (Anstoß) von der Mittellinie aus.
- Der Torraum darf nicht betreten werden.
- Gespielt wird nach Handballregeln.

Hand- oder Fußball, 2 Handballtore

8 - max. 16 TN

Sporthalle

Handballfeldgröße

Nach Zeit oder nach Punkten

Passen und Fangen

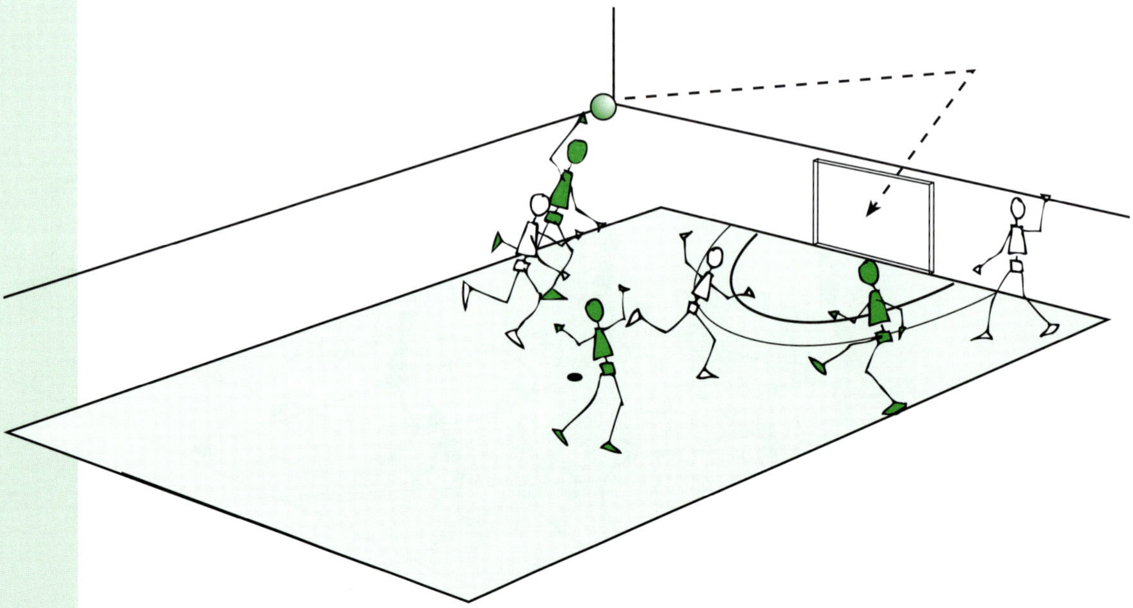

Kastenhandball

Die Mannschaften spielen sich den Ball so zu, dass sie gegen die verteidigende Mannschaft von vorne und von hinten auf den Kasten zielen und dadurch mehr Tore erzielen können.

- Förderung des Zusammenspiels.
- Schulung taktischer Fähigkeiten (Freiraum ausnützen).
- Verbesserung der sportartspezifischen Technik.

- Um die Kastentore wird eine „Sicherheitszone" festgelegt, die nicht betreten werden darf.
- Der Spielbeginn erfolgt durch eine Mannschaft in der Spielfeldmitte.
- Mit Ball dürfen maximal 3 Schritte gemacht werden.

1 Handball, 2 Kastenteile, Klebeband für die „Sicherheitszonen"

5 - 7 TN pro Mannschaft

Halle, Hof, Rasenplatz

10 x 20m

Nach Toren, 2 x 10 Min.

Passen, Fangen, taktisches Verhalten

Ein Torwart muss seinen „Kasten" auf allen vieren verteidigen.

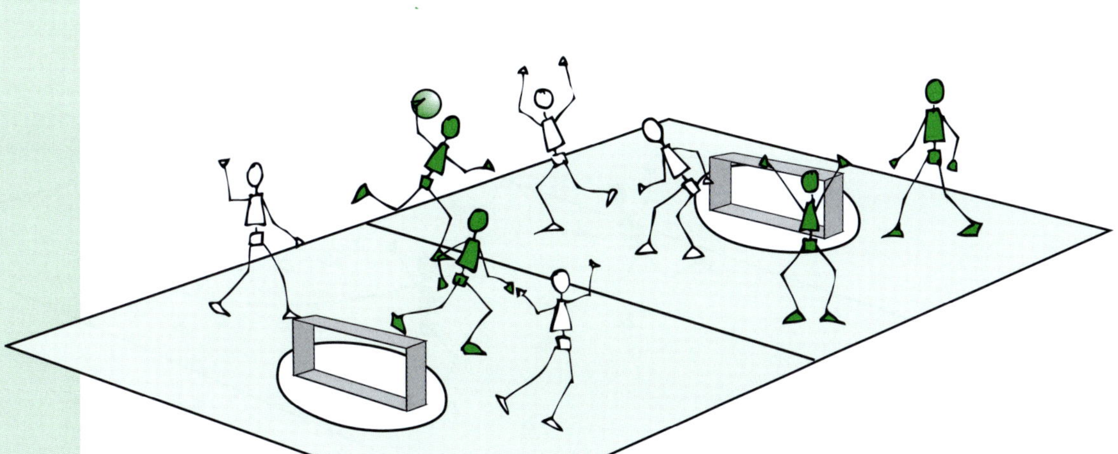

Köcherhandball

Ein kleiner Ball wird nach mehrmaligem Abspiel in einen nach vorne geöffneten kleinen Kasten geworfen.

- Schulung der Wurfgenauigkeit und des präzisen Zuspiels.
- Förderung der Reaktionsschnelligkeit und Gewandtheit vom Torwart.

- Zwei Mannschaften spielen gegeneinander.
- Die Mannschaft muss sich den Ball 3 - 5 mal zuspielen, bevor sie auf das Tor zielen darf.
- Der kleine Kasten befindet sich in einem Torkreis (3 m Durchmesser).
- Im Torkreis befindet sich lediglich der Torwart mit seinem Köcher, mit dem Tore verhindert werden.

1 Tennisball, 2 Köcher (Pylonenhütchen)

8 - 10 TN pro Mannschaft

Halle, Rasen

10 x 20 m

2 x 10 Min.

Passen, Fangen, taktisches Verhalten

Das Spiel kann auch mit mehreren Bällen gespielt werden.

Kopfball

Dieses Spiel ist eine Kombination aus Hand- und Kopfball. Der Ball wird innerhalb der Mannschaft mit der Hand zugespielt. Tore dürfen jedoch nur per Kopfball erzielt werden.

- Schulung der Orientierungsfähigkeit.
- Förderung der Wurfgenauigkeit.

- Mit dem Ball darf lediglich 3 Schritte gelaufen werden.
- Der Wurfkreis bzw. Köpferkreis ist ca. 3 - 5 m vom Tor entfernt und darf nur vom Torwart betreten werden.
- Ein Kopfball darf außerhalb des Köpferkreises von den Mit- und Gegenspielern gefangen werden.

1 Volleyball, 2 Weichbodenmatten

3 - 7 TN pro Team

Halle oder Rasenplatz

Volleyball-/Basketballfeld

2 x 10 Min.

Passen, Fangen, Kopfball

Brennball mit Dribbling

Team A = werfende Läufer starten hinter der Grundlinie, Gruppe B = Fänger verteilen sich im Feld. Jeder Werfer erhält zwei Bälle, den einen wirft er ins Feld, mit dem anderen dribbelt er, so schnell es geht, durch einen vorgegebenen Parcours zum nächsten Freimal. Er kann so lange laufen, bis die Fänger den Ball in einem Korb „verbrannt“ haben.

- Verbesserung des Zusammenspiels und der Wurfgenauigkeit (Gruppe B).
- Schulung der konditionellen Fertigkeit (Ausdauer, Schnelligkeit, Kraftausdauer etc.).
- Förderung der koordinativen Fähigkeit (Anpassung, Rhythmus, Gewandtheit).

- Der geworfene Ball muss im Feld bzw. in der Feldverlängerung den Boden berühren.
- Die Fänger dürfen die Läufer nicht behindern.
- Ist ein Läufer „verbrannt“, geht er zur Wurflinie zurück.
- Die Fänger dürfen bei ihrem Korbwurf den Kreis nicht betreten.

6 Hütchen, 2 kleine Kästen, 1 Korbballständer, Langbank, mind. 6 - 11 Bälle

5 - 10 TN pro Mannschaft

Halle oder draußen

10 -15 m x 20 - 30 m

2 x 7 Min.

Fangen, Passen, Korbwurf

Flitztor

Zwei Mannschaften spielen auf 4 bewegliche Tore, nämlich die Flitztore. Diese 2 Basketball-Flitztore pro Mannschaft müssen in der gegnerischen Freiwurfzone so bewegt werden, dass die eigenen Spieler durch die waagerecht hochgehaltenen Reifen den Ball werfen können. Trifft die Mannschaft, erhält sie einen Punkt.

- Vereinfachte Schulung der Wurfgenauigkeit.
- Erhöhung der „Erfolgsquote“ durch jeweils 2 „Körbe“.

- Der Ball darf in jede Richtung mit einer oder beiden Händen geworfen werden.
- Sobald man mehr als zwei Schritte mit dem Ball gehen oder laufen möchte, muss der Ball geprellt werden.
- Mit einem Sternschritt kann man sich in die geeignete Wurfposition bringen.
- Kein Körperkontakt.
- Die Basketball-Flitztore müssen in der gegnerischen Hälfte so bewegt werden, dass die eigenen Spieler durch die hochgehaltenen Reifen werfen können.
- Beim Wurf auf die „Flitztore“ müssen die Torehalter stehen bleiben und dürfen den Reifen nicht mehr bewegen.
- Pro Treffer gibt es einen Punkt.

4 Gymnastikreifen, 1 Basket- bzw. Hohlball

Ab 5 TN pro Mannschaft

Halle, Tartanplatz

Basketballfeldgröße

15 Min.

Basketballspezifische Grundtechniken

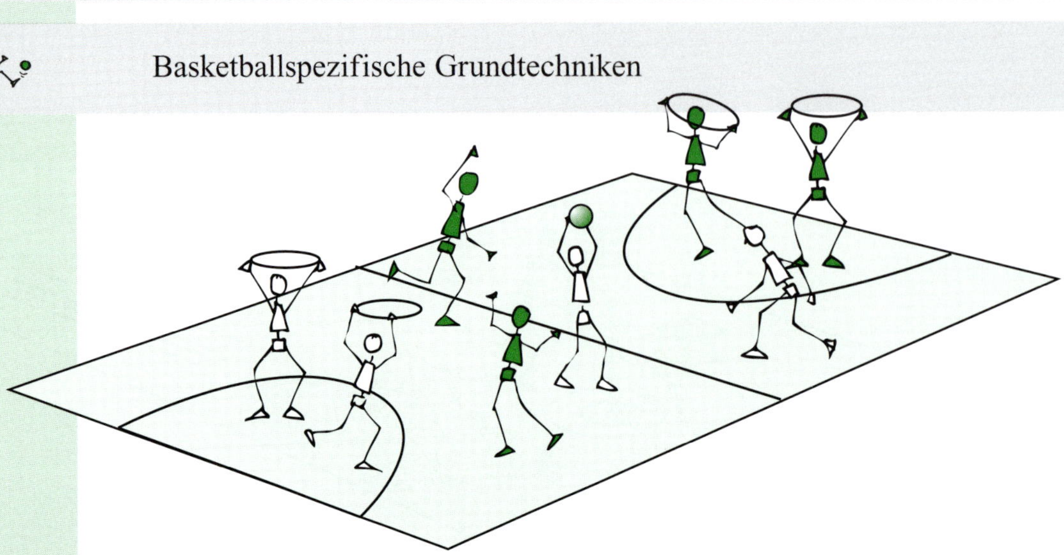

Freiwurf-Wettspiel

Bei diesem Spiel müssen Korbwürfe aus verschiedenen Distanzen erzielt werden. Die Freiwurflinie um den Basketballkorb wird in einzelne Stationen eingeteilt. Jeder der Spieler beginnt bei Station 1 und versucht, möglichst oft in den Korb zu treffen.

- Schulung der Wurftechnik

- Die Gruppe wird in zwei gleichstarke Mannschaften eingeteilt, wobei jeder Spieler eine Nummer bekommt.
- Somit wird immer in der gleichen Reihenfolge geworfen.
- Die Freiwurfzone wird in 8 Stationen eingeteilt.
- Auf Startzeichen beginnt jede Mannschaft für sich, möglichst schnell von jeder Station aus den Korb zu treffen.
- Bei einem Treffer wird zur nächsten Station aufgerückt.
- Die Mannschaft, die als erste von jeder Station den Korb getroffen hat, ist Sieger.

1 Basketball, Kreide oder Klebeband, Basketballkorb

Höchstens 4 TN pro Gruppe

Halle, Freigelände

Basketball-Freiwurfzone

Nach Zeit oder nach Stationen

Basketballspezifische Grundtechniken

Auch als Einzelwettbewerb möglich.

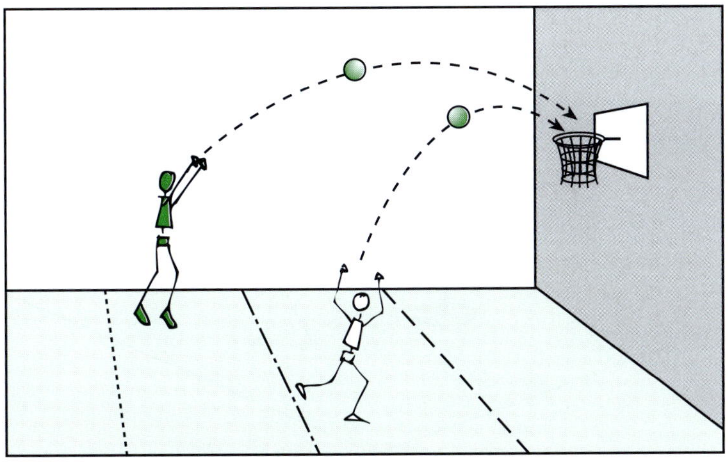

„Hüte dich vor dem Zauberer“

Jeder Spieler dribbelt in einem festgelegten Spielfeld einen Ball. 2 - 4 Fänger, je nach Gruppengröße, versuchen die Dribbelnden zu fangen (verzaubern).

- Verbesserung der Grundtechniken.

- Wer gefangen wurde, begibt sich zu einem Korb und wirft solange, bis er getroffen hat.
- Durch einen Treffer löst er den Zauberbann und darf wieder dribbeln, allerdings unter der Gefahr eines erneuten Verzauberns.

Auch die Fänger müssen einen Ball dribbeln.

Pro Spieler 1 Basket- oder Volleyball, 2 - 3 Basketball-/Korbballkörbe

Beliebig

Halle, Tartanplatz

20 x 30 m

Beliebig

Dribbeln, Korbwurf

- So viele Fänger einsetzen, dass die Chancen gut sind, alle zu verzaubern.
- Nach einer gewissen Zeit die Fänger wechseln.
- Gegebenenfalls die Distanz zum Korb festlegen (Kreis).

Gold in China holen

Hinter der chinesischen Mauer liegt das Gold „versteckt". Trotz Wächter und Mauer wollen die Räuber das „Gold" holen.

- Verbesserung von Schnelligkeit und Gewandtheit.
- Verbesserung des Zusammenspiels zwischen den Fängern.

- Jeder Spieler prellt bis zur chinesischen Mauer einen Ball, nimmt ihn über die Mauer mit und holt sich einen Tennisball.
- Die aufgenommenen Bälle müssen auf dem Rückweg in einen umgedrehten kleinen Kasten abgelegt werden. Mit dem großen Ball kann der Spieler die nächste Runde beginnen.
- Wer gefangen wird, wechselt den Platz mit einem Wächter oder wirft sein Gold wieder zurück und beginnt von Neuem.

Pro Spieler einen Ball, Tennisbälle

Mind. 6 Räuber und mind. 2 Wächter

Halle, Tartanplatz

15 x 30 m

Bis alle Tennisbälle „geraubt" wurden

Dribbling, Zielwurf

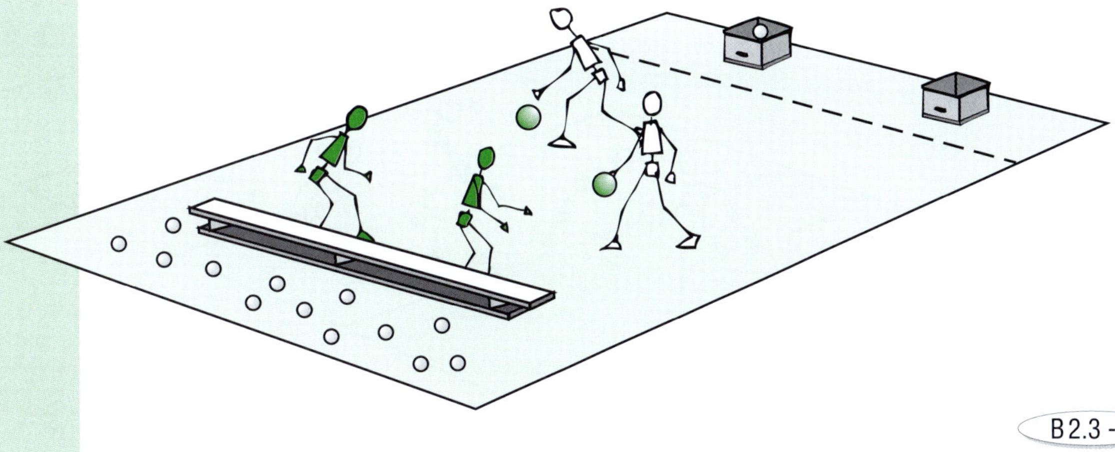

Königsprellen

Jeder Spieler versucht so lange wie möglich den eigenen Ball prellenderweise im Königsfeld zu kontrollieren und gleichzeitig die Bälle der Mitspieler regelgerecht herauszuspielen. Bei Ballverlust begibt man sich automatisch ins nächste Feld bei gleicher Aufgabenstellung. Ziel des Spiels ist es, das Feld möglichst selten zu wechseln.

- Verbesserung des Dribbelns.
- Förderung der Zweikampfstärke.

- Der zur Verfügung stehende Raum wird in 4 gleiche Felder unterteilt und durchnummeriert.
- Alle Spieler haben einen Ball und prellen ihn.
- Alle beginnen im ersten Feld (Königsfeld).
- Jeder versucht ohne Körperkontakt prellend dem anderen seinen Ball herauszuspielen.
- Gelingt dies, muss der unterlegene Spieler mit seinem Ball ins nächste Feld.
- Wer am längsten im Königsfeld bleibt, hat gewonnen.

Pro Spieler 1 Basketball

8 TN - beliebig

Halle, Tartanplatz

20 x 30 m

10 Min.

Dribbeln

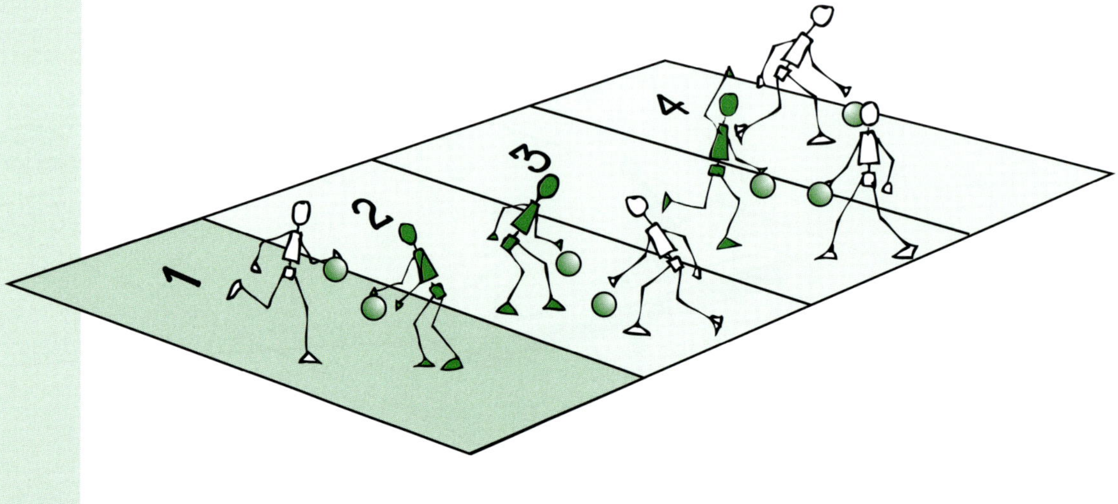

Running Basket

Ein Mitspieler bewegt sich mit einem umgedrehten Markierungshütchen o.ä. im jeweiligen Torraum, die anderen Mannschaftsteilnehmer versuchen, den Ball in das Hütchen zu werfen.

- Schulung taktischer Verhaltensweisen wie Freilaufen und Abschirmen
- Verbesserung basketballspezifischer Grundfertigkeiten

- Die Spieler dürfen sich zwischen der Grundlinie und der gegnerischen Torraumlinie frei bewegen.
- Der Ball darf gedribbelt werden.
- Es dürfen maximal 2 Schritte mit Ball gemacht werden.
- Der Ball darf von jeder Stelle des Spielfeldes aus in das Hütchen des eigenen Zielspielers geworfen werden.
- Gegnerische Aktionen dürfen behindert werden, Körperkontakt ist jedoch nicht erlaubt.
- Die Torräume dürfen nur vom jeweiligen Zielspieler und von der gegnerischen Mannschaft zur Verteidigung betreten werden.

Basketball o.ä., 2 Markierungshütchen

8 - max. 18 TN

Sporthalle, Außenflächen

Basketballfeldgröße oder größer

Nach Zeit oder nach Punkten

Fangen und Werfen

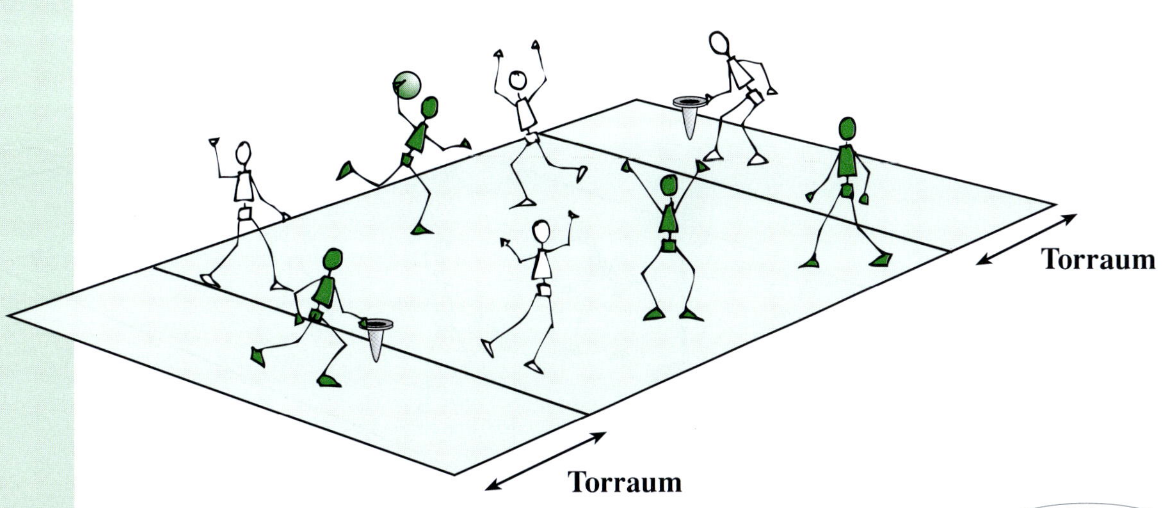

Tigerball

Eine Gruppe von Spielern passt sich den Ball zu und versucht, möglichst oft in die bereitstehenden Korbständer zu treffen. Ein oder mehrere „Tiger“ versuchen, den Ball abzufangen.

- Verbesserung von Zuspiel, Freilaufen und Abwehrverhalten.
- Schulung koordinativer Fähigkeiten (Reaktion, Umstellung etc.).

- Ein Tiger wechselt die Rolle, wenn
  - er den Ball berührt oder gar fängt,
  - ein Spieler einen Schrittfehler macht oder
  - die Spieler dreimal in einen Korb getroffen haben.
- Bleibt ein Tiger erfolglos, so wird er nach 2 Min. ausgetauscht.
- Die Spieler dürfen sich gegenseitig nicht berühren.

❶ Nur bestimmte Passarten sind erlaubt.
❷ Die Anzahl der „Tiger“ wird erhöht.

Mind. 1 Basketball pro Gruppe

Mind. 3 TN

Halle

10 x 10m

15 Min.

Basketballspezifische Grundtechniken, taktisches Verhalten

Zaubermeister

Die Spieler verteilen sich in den Ecken eines Spielfeldes. Der Zaubermeister steht in der Mitte des Feldes. Hebt er den Zauberstab, so dribbeln die Spieler los. Sobald er den Stab fallen lässt, sucht sich jeder Spieler eine neue Ecke. Auf dem Weg dorthin müssen die Spieler durch ein „Fenster“ in der Spielfeldmitte dribbeln. Wird einem Spieler dabei der Ball vom Zauberer abgenommen, wird der Spieler zum neuen Zauberer.

- Verbesserung der Grundelemente des Basketballspiels (Dribbeln, Ausweichen).
- Schulung der Schnelligkeit.
- Verbesserung der Gewandtheit.

- Der Zauberer nimmt den Ball ohne Körperkontakt ab.

Pro Spieler ein Basketball (Gymnastikball), 2 Torstangen

10 - 20 TN

Halle

Je nach Spielerzahl

10 Min.

Basketballspezifische Grundtechniken, taktisches Verhalten

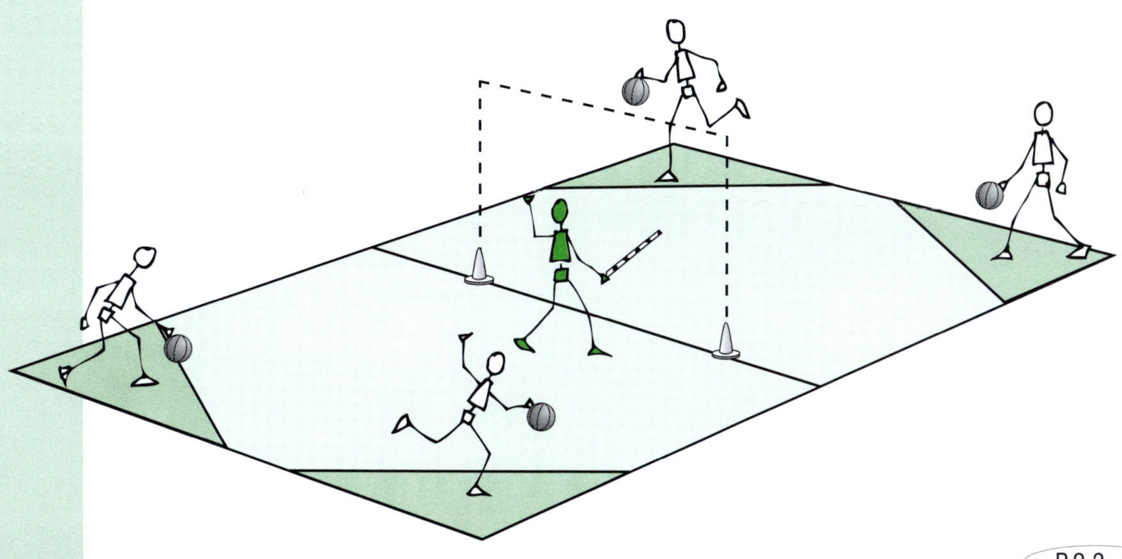

Basket-Volleyball

Zwei Mannschaften spielen Volleyball auf einen Korb.

- Förderung der Zielgenauigkeit.
- Schulung der Grundtechniken.

- Jede Mannschaft versucht spätestens mit dem dritten Ballkontakt durch bzw. an den Korb oder das Brett zu spielen.
- Wenn Mannschaft A das Brett anspielt, muss Mannschaft B versuchen, den zurückspringenden Ball direkt anzunehmen und wieder spätestens mit dem dritten Ballkontakt auf den Korb zu zielen.
- Gelingt dies nicht, so erhält Mannschaft A einen Punkt.
- Verfehlt Mannschaft A beim Anspiel den Korb, so erhält Mannschaft B Anspielrecht und kann somit Punkte erzielen.
- Direkt erzielte Körbe zählen 1 Punkt.

1 Volleyball, 1 Basketballkorb

Mind. 3 TN pro Mannschaft

Halle, Tartanplatz

10 x 10m

Nach Absprache

Volleyballspezifische Grundtechniken

Handtuch-Volleyball

Paarweise wird der Volleyball mit einem Handtuch ins andere Feld katapultiert und dort ebenso mit dem Handtuch gefangen.

➠ Förderung der Kooperation zwischen den Partnern.

➠ Spielbeginn an der 3-Meter-Linie.
➠ Der Ball darf 3 x in einem Feld gespielt werden.

1 Volleyballnetz (Zauberschnur), 1 Volleyball, 1 Handtuch pro Paar

8 - 12 TN pro Seite

Halle, Rasen

9 x 18 m

2 x 15 Punkte

Keine

Joker-Volleyball

Es wird nach den Standardregeln des Volleyballs gespielt. Jede Mannschaft kann aber durch Setzen eines Jokers, der durch eine Mütze gekennzeichnet ist, ihr Punktekonto verbessern.

- Erlernen taktischen Denkens.

- Erzielt der Joker einen Punkt, zählt dieser doppelt.
- Der Joker kann bei jedem Aufschlag neu gesetzt werden.

1 Volleyball, pro Mannschaft 1 Mütze, 1 Netz

Max. 6 TN pro Seite

Halle, Rasenplatz, Tartanplatz

9 x 18 m

2 Gewinnsätze

Volleyballspezifische Grundtechniken

Rotationsball

Hier wird nicht nur innerhalb der Mannschaft rotiert, sondern über das ganze Feld.
Je nach Spielverlauf befindet man sich entweder auf der Gewinner- oder aber auch auf der Verliererseite.

- Förderung des Zusammenspiels in der Gruppe.

- Gespielt wird nach den üblichen Volleyballregeln.
- Das Aufschlagrecht wird ausgespielt.

1 Volleyball, 1 Netz

4 - 6 TN pro Seite

Halle, Tartanplatz, Rasenplatz, Strand

9 x 18 m

2 x 15 Punkte

Volleyballspezifische Grundtechniken

Sitz-Volleyball

Eine Volleyball-Variante mit eingeschränkter Mobilität. Ansonsten entspricht sie dem Original-Volleyballspiel.

➠ Schulung der Technik des oberen Zuspiels.

➠ Die Netzhöhe beträgt je nach Können und Alter 1,20 - 1,80 m.
➠ Erlaubt ist die Berührung des Balls mit Händen, Kopf und Füßen.

1 Volleyballnetz, 1 Wasser- oder Strandball

5 - 8 TN pro Feld

Halle, Rasen, Strand

Volleyballfeldgröße

Nach Absprache

Volleyballspezifische Grundtechniken

Squash-Volleyball

Zwei Mannschaften spielen gegeneinander und versuchen Punkte zu erzielen. Ein Punkt ist erzielt, wenn nach dem Abspiel gegen die Wand der Ball im Spielfeld auf den Boden tippt.

- Förderung der Kooperation zwischen den Spielpartnern.
- Schulung taktischen Verhaltens.

- Jede Mannschaft hat max. 2 Zuspielmöglichkeiten, die nicht durch das andere Team behindert werden dürfen. Dann muss das Abspiel über die Markierungslinie gegen die Wand erfolgen.
- Bei technischem Foul (mehr als 3 Kontakte innerhalb einer Mannschaft, Bodenberührung des Balles in einem Zuspiel, Behinderung der gegnerischen Mannschaft, Abspiel unter der Markierungslinie) erhält die andere Mannschaft einen direkten (gegen die Wand) oder indirekten (zu einem Mitspieler) Freischlag.
- Jegliches Behindern eines gegnerischen Spielers wird mit Freischlag geahndet.
- Der Freischlag sowie der Abschlag nach Punktgewinn erfolgt ab einem freigewählten Punkt auf der Grundlinie.
- Nur die aufschlagende Mannschaft kann Punkte erzielen.

1 Volleyball, Klebeband

2 - 3 TN pro Mannschaft

Hallenecke

5 x 5 m

Nach Absprache

Pritschen, Baggern, Aufschlag von unten

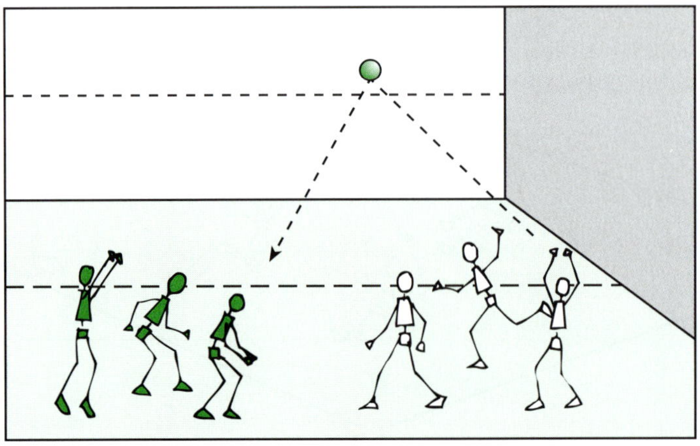

Torspiel-Volleyball

Die Spieler bilden einen Halbkreis um ein Tor und pritschen und baggern sich den Ball zu. Dabei versuchen sie, mit dem dritten Ballkontakt auf das Tor zu schmettern.

- Schulung der Grundtechniken
- Förderung der Angriff- und Abwehrtechnik

- Verfehlt der Ball das Tor, bzw. hält der Torwart den Ball, so wechselt dieser mit dem schmetternden Kreisspieler.
- Abstand zum Tor ca. 6 m.

1 Volleyball, 1 Handballtor

4 - 6 TN pro Tor

Halle, Rasenplatz, Tartanplatz

10 x 10 m

Nach Absprache

Volleyballspezifische Grundtechniken

Überraschungsvolleyball

Die Überraschung ist die Ungewissheit, an welcher Stelle der Ball das Netz überquert. Diese Sichtbehinderung kann durch aufgestellte Weichbodenmatten in der Mitte des Feldes, aber auch durch das Abhängen des Volleyballnetzes erreicht werden.

- Förderung des Zusammenspiels.
- Schulung der Grundtechniken unter erleichterten Bedingungen (Wasserball).
- Schulung der koordinativen Fähigkeiten unter erschwerten Bedingungen (Sichtbarriere).

- Die „Wand“ sollte der Breite des Spielfeldes entsprechen.
- Die Länge des Spielfeldes ist abhängig von der Zahl der Spieler.
- Gespielt wird mit einem großen Wasserball.
- Der Ball sollte volley, d.h. ohne Bodenkontakt gespielt werden.
- Der Aufschlag wird ausgespielt und kann aus dem ganzen Feld gemacht werden.
- Der Ball darf mit Händen, Armen, Kopf und Füßen gespielt werden.
- Nach 3 Ballberührungen in einem Feld sollte der Ball wieder zum Gegner gespielt werden.
- Gezählt wird wie beim Tischtennis oder wie beim Volleyball oder nach Zeit.

1 leichter Ball (Wasserball); als Sichtschutz: 1 Zauberschnur mit Tüchern oder 2 große Weichbodenmatten mit 3 großen Kästen oder Volleyballnetz mit Tüchern (Schwungtuch/Fallschirm)

4 - 8 TN pro Seite

Halle, Rasenplatz, Tartanplatz

10 x 20m

2 x 15 Punkte oder bis 21 bei 2 Punkten Differenz oder 2 x 10 Min.

Volleyballspezifische Grundtechniken

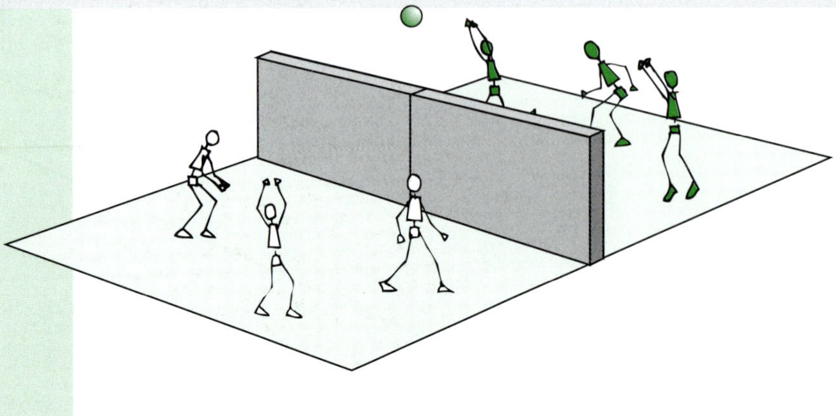

Volleyballtennis

Der Ball wird so über das Netz in das gegnerische Feld gespielt, dass er dort auf den Boden fällt oder dass die Mannschaft ihn nur fehlerhaft wieder zurückspielen kann.

- Förderung der sportartspezifischen Techniken Aufschlag, Pritschen und Baggern. Erleichtert wird dies durch den Zeitaspekt (1 x aufhüpfen lassen).
- Schulung des Zusammenspiels.

- Durch einen Aufschlag von unten wird der Ball von der Grundlinie über die Zauberschnur hinweg in das gegnerische Feld gespielt.
- Einmal darf der Ball auf dem Boden aufspringen, bevor er wieder durch Pritschen oder Baggern ins gegnerische Feld gespielt wird.
- Der Ball kann 3 x im eigenen Feld zugespielt werden.
- Kommt der Ball vom Mitspieler, so steht es einem frei, ob man ihn direkt oder mit Bodenkontakt weiterspielt.
- Sowohl bei Fehlaufschlag als auch bei „Aus“-Bällen bekommt die gegnerische Mannschaft den Ball.
- Die Spieler wechseln bei jedem Aufschlag ihre Position nach dem Uhrzeigersinn.

1 Volleyball oder 1 Softball oder 1 Wasserball, Netz oder Zauberschnur

1 - 6 TN pro Seite

Halle, Rasen etc.

Volleyballfeldgröße, Netzhöhe 2 m

2 x 15 Min. oder bis 15 Punkte

Volleyballspezifische Grundtechniken

Goba

Das Ziel dieses Spiels ist es, den Ball mit beiden Händen im Spiel zu halten. Durch die direkte Befestigung des Schlägers an der Handfläche wird das Treffen des Balles anfangs wesentlich erleichtert.

- Förderung des Zusammenspiels.
- Schulung des Ballgefühls.

- Der Ball wird über die Schnur in das gegnerische Feld gespielt.
- Der Ball muss zurückgespielt werden, bevor er zum 2. Mal den Boden berührt.
- Punkte gibt es weiterhin, wenn
  - der Ball unter der Schnur durchgespielt wird,
  - der Ball über die Spielfeldumrandung hinausgeht.
- Es darf mit links und rechts gespielt werden.
- Der Ball darf nicht zwischen den Schlägern eingeklemmt werden.

❶ *Ballon-Handicap:* Die beiden Spieler klemmen sich einen Luftballon zwischen die Knie und versuchen, trotz dieses Handicaps den Ball hin- und herzuspielen.

❷ *Goba-Squash zu zweit:* Zwei Spieler stehen im Abstand von 2 - 4 m vor einer Wand und einigen sich auf ein bestimmtes Ziel (aufgemalter Kreis). Nun versuchen sie, abwechselnd in den Kreis zu zielen. Der Ball darf sowohl aus der Luft als auch nach einem Bodenkontakt gespielt werden. Welcher Spieler schafft mehr Treffer?

2 Gobaschläger pro Person. Der Gobaschläger ist ein aus einer Spanplatte ausgesägter Handumriss. Mit elastischen Bänder wird der Schläger an der Hand befestigt. 1 kleiner Ball (Squashball, Tischtennisball, kleiner Softball etc.) Zauberschnur/Volleyballnetz, Bodenmarkierungen

1 - 3 TN pro Seite

Halle, Rasenplatz, Hausmauer

Volleyballfeldgröße

Nach Absprache oder bis 15 Punkte

Auge-Hand-Koordination, taktisches Verhalten

Graben-Tischtennis

Die zwei Spieltischhälften werden so aufgestellt, dass ein Abstand von 0,5 m entsteht. Das Netz wird an einer Hälfte befestigt. Der Graben muss nun überwunden werden.

- Verbesserung der koordinativen Fähigkeiten (Anpassung an neue Bedingungen).

- Den Ball so oft wie möglich über den Graben spielen.
- Fällt der Ball in den Graben, erhält die jeweilige Mannschaft/der jeweilige Spieler einen Minuspunkt.

1 Tischtennisplatte, 1 Tischtennisball, 2 Schläger

1 - 2 TN pro Seite

Halle, windgeschützter Ort

6 x 8m

2 x 10 Punkte

Tischtennisspezifische Grundtechniken

Felder-Tischtennis

Das Netz wird so auf der Tischtennisplatte verschoben, dass ein großes und ein kleines Feld entsteht.

➠ Förderung der koordinativen Fähigkeiten.

➠ Es werden 2 Sätze gespielt, wobei jeder auf jeder Seite einmal spielt.
➠ Derjenige, der insgesamt die meisten Punkte gemacht hat, ist der Sieger.

1 Tischtennisplatte, 1 Netz, Tischtennisbälle

1 - 2 TN pro Seite

Halle

Tischtennis-Platte

2 Sätze

Tischtennisspezifische Grundtechniken

Jokary

Ein an einem 3 m langen Gummi befestigter Ball (Gummiball) wird mit einem Speckbrettschläger getroffen. Das andere Ende des Gummis ist an einem Holzstück befestigt, das auf der Straße liegt. Der Ball springt auf der anderen Seite des Holzes auf und springt wieder zurück, um erneut geschlagen zu werden.

➠ Verbesserung der Schnelligkeit und Reaktionsschnelligkeit.

➠ Der Ball darf vor dem Berühren des Schlägers nur einmal die Straße berühren.

Man kann dieses Spiel sowohl miteinander als auch gegeneinander spielen.

1 Speckbrettschläger pro Spieler, das Jokary-Set ist im Spielwarenhandel erhältlich.

1 - 2 TN pro Seite

Halle, Straße, Parkplatz

10 x 10m

Nach Absprache

Auge-Hand-Koordination

Das Rückfedern des Balles ist abhängig vom Aufschlagwinkel des Balles.

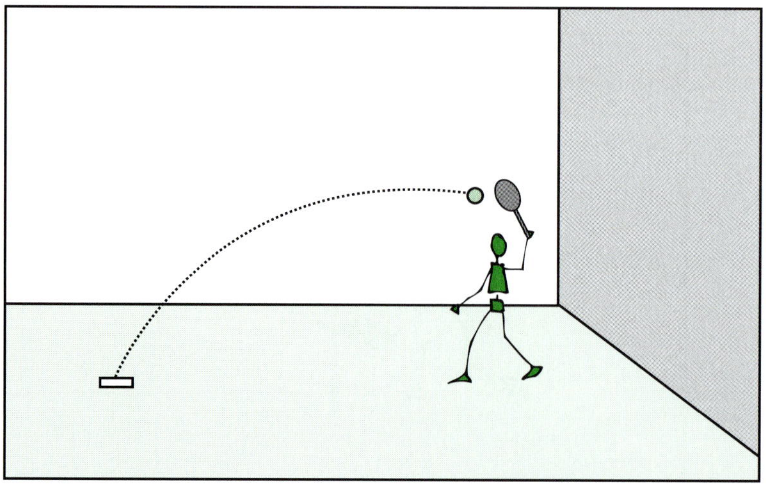

Las Paletas

Das bewusste Spielen für und mit dem Partner steht im Mittelpunkt dieses freizeitsportlichen Rückschlagspiels. Dabei wird der Ball mit verschiedenen Flugbahnen gespielt.

- Vermittlung freizeitsportlicher Rückschlagspiel-Alternativen.

- Die beiden Spieler stehen sich im Abstand von ca. 3 m gegenüber.

Hölzerne Schläger (Beachball-Schläger), 1 Squashball

2 TN

Rasenplatz, Park, Straße, Strand etc.

Beliebig

Nach Absprache

Auge-Hand-Koordination

- Vor jeder Ballberührung darf der Spieler nur eine bestimmte Anzahl von Schritten machen. So wird bewusster und gezielter miteinander gespielt.
- Der Abstand zwischen den Spielern wird vergrößert.

Mexi (Rundlauf)

Mexi ist ein altbekanntes Rückschlagspiel, das sowohl im Tischtennis als auch im Tennis oder Badminton gespielt werden kann. Die Spieler verteilen sich gleichmäßig auf beiden Seiten der Platte bzw. des Feldes. Nach einem Schlag wechselt der Spieler auf die andere Seite und wartet, bis er wieder an der Reihe ist. Es entsteht ein Kreislauf.

- Unter erschwerten Bedingungen den Ball im Spiel halten können.
- Anpassen an wechselnde Partner.

- Die Gruppe mit den meisten Spielern beginnt.
- Der erste Aufschlag sollte diagonal geschlagen werden.
- Jeder darf drei Fehler (oder nur einen) machen und verlässt dann für diese Runde die Platte (Feld).
- Die letzten Zwei spielen auf zwei Punkte Unterschied den Gewinner aus.

❶ Starke Spieler nehmen die schwächere Hand.
❷ Jeder Spieler hat zwei Schläger, wobei im Wechsel gespielt werden muss.
❸ Nur die Hälfte der Spieler hat einen Schläger, somit muss der Schläger schnell von einem zum anderen übergeben werden.

1 Tischtennisplatte, 1 Tischtennisball, jeder Spieler ein Schläger

3 - 10 pro Platte

Halle, Pausenhof

4 x 8m

Nach Absprache

Tischtennisspezifische Grundtechniken

Wandball

Der Ball wird ähnlich wie beim Squash gegen eine Wand gespielt. Bevor er zum 2. Mal den Boden berührt hat, muss der Gegenspieler den Ball mit seinem Schläger erneut gegen die Wand spielen. Gespielt wird meist im Doppel, Wandball kann aber auch als Mannschaftsspiel durchgeführt werden.

- Förderung der konditionellen Fähigkeiten.

- Der Anspielende wirft den Ball aus dem Aufschlagfeld gegen die Wand.
- Nach einmaligem Berühren des Bodens muss er vom Gegner angenommen werden.
- Als Fehler wird das Berühren des Balles mit der Hand (ausgenommen beim Aufschlag), der mehrmalige Bodenkontakt, die Mauerberührung unterhalb der Linie sowie das Verfehlen der Mauer gewertet.
- Gezählt wird wie beim Tennis, d.h., die Fehler werden als Punkte für den Gegner gezählt.

Tennisball; Familytennis-/Speckbrettschläger sind für dieses Spiel geeignet.

1 - 5 TN

Halle, Hausmauer

Eine Mauer - in Höhe von 80 cm eine Markierungslinie (evtl. Klebeband)

Nach Absprache

Auge-Hand-Koordination, taktisches Verhalten

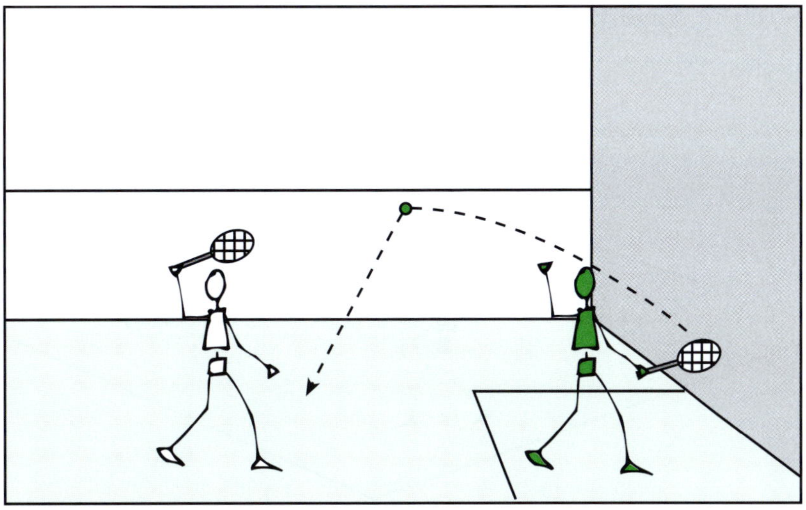

Softprellball

Der Softball wird so über das Hindernis geprellt, dass die gegnerische Mannschaft ihn nicht regelgerecht wieder zurückprellen kann.

- Schulung des Anpassungsvermögens an veränderte Bedingungen (Ballgeschwindigkeit/Ballverhalten).

- Der Aufschlag wird ausgelost und hinter der Grundlinie ausgeführt.
- Der Ball wird mit der flachen Hand geprellt.
- Beim Aufschlag soll der Ball als erstes im eigenen Feld aufspringen, dann im Feld des Gegners.
- Beim Rückschlag des Aufschlages muss nach dem Aufspringen des Balls dieser ebenfalls ins eigene Feld geprellt werde, so dass der Ball über das Hindernis ins gegnerische Feld springt. Im anschließenden Spielverlauf wird der Ball nach einmaligem Aufspringen im eigenen Feld wieder zurückgeprellt.
- Gezählt wird wie beim Tischtennis.
- Springt der Ball außerhalb des Spielfeldes auf, so ist dies ein Fehler.
- Die Doppelpartner schlagen abwechselnd nach jedem Ballwechsel.
- Ein Zuspiel untereinander ist nicht erlaubt.

1 gut prellbarer Softball (10 cm Durchmesser); 2 Bänke

2 TN pro Mannschaft

Halle, Tartanplatz

2 x 10 m, umgedrehte Bänke als Netz

10 Min.

Auge-Hand-Koordnation, taktisches Verhalten

Softtennis

Der Ball wird so über das Band gespielt, dass die gegnerische Mannschaft ihn nicht regelgerecht zurückspielen kann.

- Verbesserung der koordinativen Fähigkeiten.

- Der erste Aufschlag wird ausgespielt.
- Der Aufschläger kann den Ball von oben oder von unten ins Spiel bringen. Dabei steht er hinter der Grundlinie.
- Gezählt wird wie beim Tischtennis (Jeder Ball zählt und nach 5 Aufschlägen erfolgt Aufschlagwechsel).
- Die Doppelpartner müssen abwechselnd den Ball spielen.

Sitztennis: Gespielt wird 3 : 3 sitzend in einem Feld (10 x 4 m, Netzhöhe 85 cm). Ein großer Softball wird mit der Handfläche nach einmaligem Aufhüpfen in das gegnerische Feld zurückgespielt. Es ist nicht erlaubt, den Ball volley zu spielen. Die Mannschaft, die den vorherigen Punkt gemacht hat, darf aufschlagen. Jeder Punkt zählt.

1 Softtennisball, pro Spieler einen Schläger (Family-Tennisschläger, Speckbrett etc.) 1 Absperrband, 2 Hochsprungständer

2 TN pro Mannschaft

Halle, Tartanplatz

5 x 10 m, Bandhöhe 85 cm

10 Min.

Auge-Hand-Koordination

Tischtennis-Dreieck

Drei Plattenhälften werden Ecke an Ecke zusammengestellt, so dass neue, abwechslungsreiche Tischtennis-Varianten entstehen.

- Verbesserung der erlernten Technik unter veränderten Umständen.

- An jeder Tischtennishälfte wird ein Netz befestigt.
- Den Ball rechts- oder linksherum spielen.

❶ Zwei Partner spielen gegen einen.
❷ Es wird mit zwei Bällen gespielt.

3 Plattenhälften, 3 Netze, 1 - 2 Tischtennisbälle

3 TN pro Tische

Halle

10 x 10m

10 Min.

Tischtennisspezifische Grundtechniken

Vier gegen vier

„Vier gegen vier“ ist eine Spielform, bei der durch Volleyschläge die Gegner in Bedrängnis gebracht werden soll.

- Automatisierung der Volleytechnik.
- Verbesserung der Antizipationsfähigkeit.

- Der Aufschlag erfolgt von unten.
- Der Ball darf während des ganzen Spielzuges den Boden nicht berühren.
- Jeder Ball muss volley und direkt zurückgespielt werden.
- Aufschlag hat immer die Partei, die den letzten Ballwechsel verloren hat.

Pro Spieler 1 Schläger, 1 Tennis- oder Softtennisball

3 - 4 TN pro Mannschaft

Tennisplatz, Tartanplatz

Tennisplatz

Bis 21 Punkte

Tennisspezifische Grundtechniken

- Bei mehr als 4 Spielern pro Hälfte kann innerhalb der Mannschaft eingewechselt werden.
- Das Team platziert sich so in ihrer Hälfte, dass der Ball nicht aufhüpfen kann.

Bierdeckel-Hockey

Zwei Bierdeckel anstelle eines Schlägers: Jeder Spieler hat zwei Bierdeckel in der Hand, mit denen ein Softtennisball gespielt werden soll.

- Kennen lernen alternativer Spielmöglichkeiten.
- Förderung der Beweglichkeit und Schnelligkeit.

- Der Ball darf nicht mit den Füßen gespielt werden.
- Ein Tor wird dann erzielt, wenn eine umgedrehte Langbank getroffen wird.
- Der Ball sollte möglichst mit flachen Pässen gespielt werden.

Je Spieler 2 Bierdeckel, mind. 1 Ball (Soft- oder Tischtennisbälle)

4 - 10 TN pro Team

Halle

10 x 20 m

2 x 10 Min.

Keine

Hockey-Brennball

Eine Kombination zwischen Brennball und Hockey, d.h., das Läuferteam bringt den Ball ins Spiel, die Feldmannschaft nimmt den Ball auf und versucht, ihn so schnell wie möglich zum Brennmal zu bringen.

- Förderung des Zusammenspiels und genauen Passens der Feldmannschaft
- Spielerisches Festigen und Anwenden der Grundtechniken: Dribbeln, Zielen und Stoppen bei der Läufermannschaft.

- Der erste Spieler vom Läuferteam schießt den Ball ins Feld.
- Die Feldspieler müssen den Ball so schnell wie möglich zum Brennmal (**X**) spielen, hierbei müssen sie 3 Tore durchspielt haben.
- Die Läufermannschaft versucht zur gleichen Zeit, einmal das Feld zu umrunden. Hierbei sind ein Slalomparcours zu durchdribbeln und Engstellen zu bewältigen.
- Jeder Läufer erhält 3 Punkte, wenn er ohne Pause hinter der Ziellinie ankommt, sonst 1 Punkt.
- Wird ein Läufer zwischen den Freimalen erwischt, so geht er auf dem direkten Weg ins Ziel, erhält jedoch keine Punkte.

Im Läuferteam erhält jeder Spieler 2 Bälle und 1 Schläger, im Feldteam pro Spieler 1 Schläger; 2 kleine Kästchen als Freimal, Slalomstangen, Hütchen, 1 Reifen

Mind. 5 TN pro Mannschaft

Halle, Rasenplatz

Mind. 10 x 20 m

2 x 8 Min.

Passen, Stoppen, Dribbling

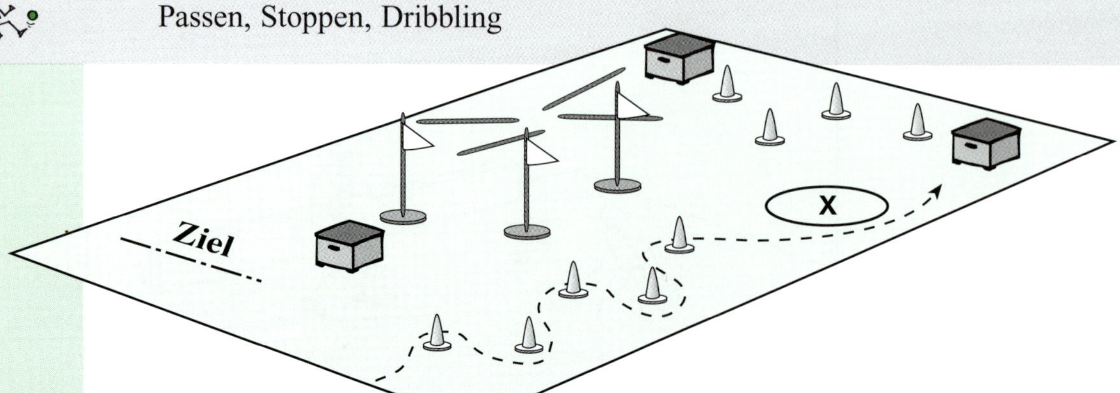

Keulen-Hockey

Zwei Mannschaften spielen gegeneinander und versuchen, mit Hilfe von Gymnastikkeulen einen Ball ins gegnerische Tor zu schießen und dabei das eigene Tor zu verteidigen.

- Erwerb von Bewegungserfahrungen mit alternativen Sportgeräten

- Die Keule wird am Hals unterhalb des Köpfchens gefasst.
- Der Tennisball wird mit der Keule geschlenzt, indem diese nur flach und waagrecht über den Boden auf den Ball „zugeschoben" wird.
- Es darf nicht aus der Luft geschlagen werden. Sollte der Ball hochspringen, wird er mit der Hand gefangen und auf den Boden gelegt. In diesem Moment darf der Spieler nicht angegriffen und geblockt werden.
- Der Ball darf mit der Schuhsohle, der Innen- und Außenseite oder aber mit dem ganzen Körper gestoppt werden.
- Es ist nicht erlaubt, den Ball mit dem Fuß zu schießen ; geschieht es trotzdem, erhält die andere Mannschaft einen Strafstoß (3 - 4 m Torabstand).
- Der Schiedsrichter bringt den Ball zu Beginn ins Spiel. Nach einem Torerfolg beginnt das Spiel durch ein Zuspiel vom unterlegenen Torwart zu einem seiner Mitspieler.

Pro Spieler eine Keule, 1 Tennisball, 2 Tore (Hütchen, kleine Kästen, Mini-Hockeytore)

Mind. 4 TN pro Mannschaft

Halle

Beliebig, je nach Mannschaftsgröße

2 x 10 Min.

Auge-Hand-Koordination

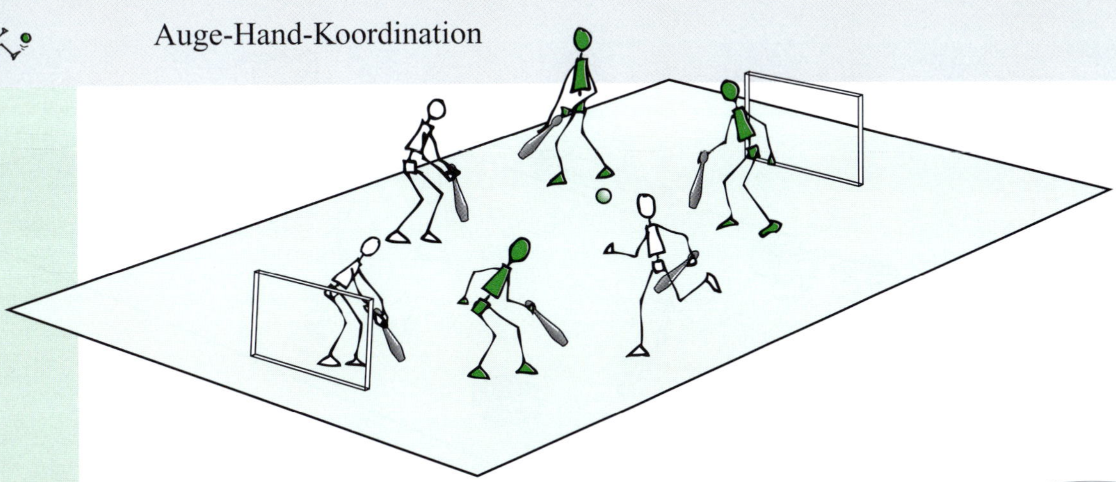

Miniatur-Hockeygolf

Golf einmal anders – mit dem Hockeyschläger so genau wie möglich zielen.

- Gewöhnung an Schläger und Ball.
- Verbesserung der Geschicklichkeit.

- Jedes Paar baut mit einfachen Mitteln einen Bahnabschnitt auf, der später von allen bewältigt werden kann.
- Paarweise wird eine provisorisch aufgebaute „Minigolfbahn“ durchspielt, dabei werden die Schläge gezählt.

Bänke, Kästen, Kreide, Kreppband, Matten, Ball, Schläger etc.

Mind. 10 TN

Halle, Rasenplatz, Tartanplatz

20 x 30m

Bis alle Bahnen gespielt wurden

Sportartspezifische Grundtechniken

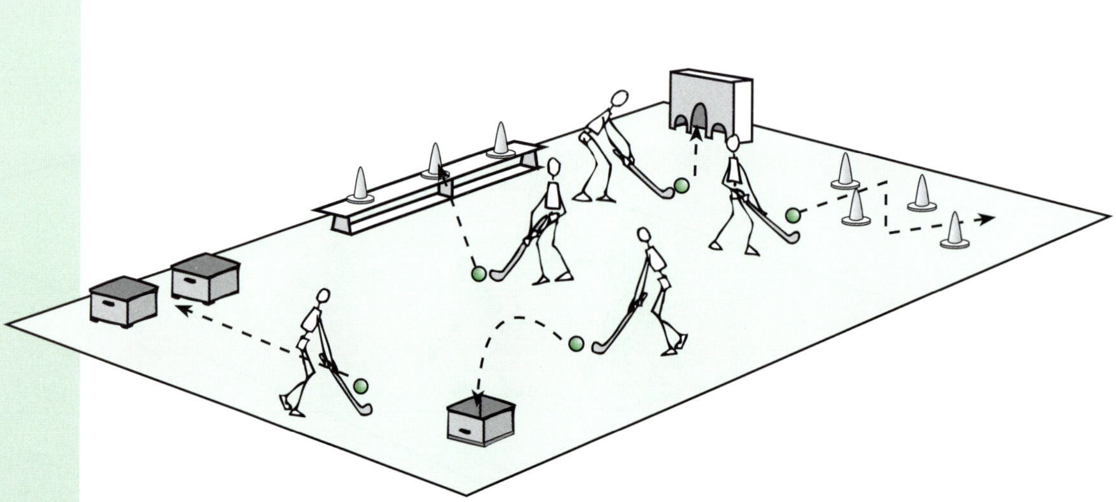

Speedball

Der Ball wird mit Spezialschlägern (zylindrisches Luftpolster) gespielt

- Schulung taktischer Verhaltensweisen in Angriff und Abwehr.

- Spielbeginn erfolgt durch Anstoß.
- Der Ball darf nur mit den Speedball-Schlägern gespielt werden (Angriff und Abwehr).
- Dabei darf der Ball beliebig oft balanciert, geprellt oder geschlagen werden.
- Pro Mannschaft spielt ein Torwart, der jedoch im gesamten Feld mitspielen kann.
- Hallenwände dienen als Bande.
- Der Ball darf dem Gegenspieler weggespielt werden, Körperberührungen sind nicht erlaubt.
- Bei Torerfolg erhält die gegnerische Mannschaft den Ball.

1 leichter Ball in Hand- oder Volleyballgröße, Speedballschläger, Handballtore oder entsprechende Markierungen

10 - 16 TN

Sporthalle, Sportplatz

Mind. Volleyballfeldgröße

Nach Zeit oder nach Toren

Auge-Hand-Koordination

Tennisringhockey

Zwei Mannschaften schlenzen einen Tennisring mit einem Gymnastikstab ins gegnerische Tor.

- Erleben alternativer sportspielverwandter Spiele.
- Förderung des Zusammenspiels.
- Verbesserung der Beweglichkeit, Schnelligkeit und Geschicklichkeit.

- Spielbeginn mit einem Bully. Zwei Spieler und der Schiedsrichter stehen im Mittelkreis. Die Spieler überkreuzen 3 x die „Schläger" und versuchen, den vom Schiedsrichter ins Spiel gebrachte Ring ihrer Mannschaft zuzuspielen.
- Rempeln, Stoßen oder Schlagen gelten als Foulspiel.
- Befinden sich mehr als 2 Schläger im Ring, wird durch Bully entschieden.
- Nach 5 Sek. sollte der Ring gespielt werden.
- Fußspiel ist nicht erlaubt.
- Der Gymnastikstab darf nicht über Hüfthöhe geführt werden.

1 Tennisring, pro Spieler einen Gymnastikstab; 4 Hütchen oder 2 Bänke als Tore

4 - 8 TN pro Mannschaft

Halle

10 x 25 m

Auf Zeit bzw. auf Tore

Auge-Hand-Koordination, taktisches Mannschaftsverhalten

Es empfiehlt sich, Vorübungen zum sicheren Passen und Tore schießen vorzuschalten.

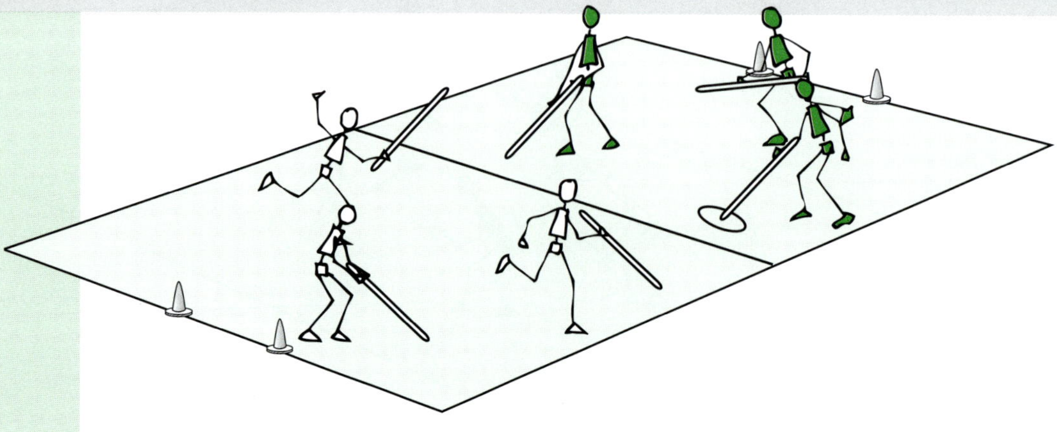

Unihoc

Zwei Mannschaften versuchen mit einem Plastikschläger den leichten Lochball in das gegnerische Tor zu platzieren.

- Kennen lernen einer attraktiven Spielvariante des Hallen- und Eishockeyspiels.
- Kennen lernen einer koedukativen, altersunabhängigen und vielseitigen Sportspielvariante.

- Der Ball darf nicht mit Hand oder Arm gestoppt werden.
- Der Ball darf nicht mit dem Kopf oder dem Fuß weitergespielt werden, aber: der Ball darf mit dem Körper vorgelegt werden und mit dem Fuß gestoppt werden (einmaliger Ballkontakt) vorgelegt werden.
- Der Schläger darf nicht über Kniehöhe geführt werden.
- Der Torraum darf nicht betreten werden, aber: mit dem Schläger darf der Ball im Torraum gespielt werden.
- Der Ballführende darf nicht mit dem Schläger oder dem Körper attackiert werden.

Kunststoffschläger, Kunststoffball, 2 Tore, Markierungen für den Torraum, ggf. Bande

2 Mädchen, 2 Jungen (und bis zu acht Auswechselspieler/innen)

Sporthalle, Sportplatz (Hartplatz)

30 m x 16 m (Normfeld), Torraum 90 cm x 190 cm

2 x 15 Min. oder nach Punkten

Spieltaktisches Grundverständnis

American Speedball

Ähnlich dem Rugby-Spiel wird der Ball durch Pässe und Läufe in die gegnerische Endzone gebracht.

- Schulung technischer und taktischer Elemente aus den Sportspielen Fußball und Rugby.
- Förderung konditioneller Grundeigenschaften.

- Das Spiel wird mit einem „Kick" (Fußstoß) von der eigenen Endzonenlinie eröffnet.
- Sobald die gegnerische Mannschaft den Ball unter Kontrolle hat, dürfen sie einen Angriff nach Fußballregeln starten.
- Wird ein (Fuß-)Pass gefangen, so darf mit dem Ball weitergelaufen werden (ohne Schrittbegrenzung).
- Wird der Ball nach einem Fußpass in der gegnerischen Endzone direkt aus der Luft gefangen, so erhält die Mannschaft 2 Punkte.
- Bei einem Lauf in die Endzone gibt es 3 Punkte.
- Solange der Ball nicht den Boden berührt, darf er auch mit der Hand gepasst werden.
- Auch der Spieler, der den Pass fängt, darf mit dem Ball weiterlaufen.
- Pässe dürfen von der verteidigenden Mannschaft abgefangen werden, dann kann ein eigener Angriff gestartet werden.
- Wird der balltragende Spieler von einem Verteidiger am Rücken berührt, so wird der Lauf gestoppt und der Ballbesitz wechselt.
- Das Spiel wird per Fuß neu aufgenommen.

Fußball, Markierungsbänder, -linien

10 - max 30 TN

Sporthalle, Sportplatz

Basketballfeldgröße

Nach Zeit oder nach Punkten

Ballannahme und -abgabe beim Fußball, Grundformen des Passens und Fangens

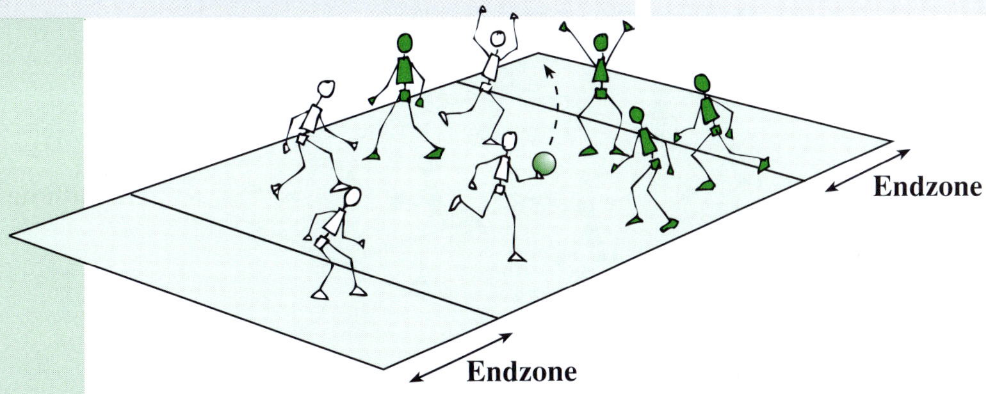

Blitzball

Zwei Mannschaften versuchen, den Ball hinter die gegnerische Grenze zu legen.

- Schulung taktischer Verhaltensweisen des Zielspiels „Rugby“.

- Ein Vertreter jeder Mannschaft befindet sich in der Spielfeldmitte. Durch Schiedsrichterball wird das Spiel gestartet. Die restlichen Spieler befinden sich bis zum Start in ihren jeweiligen Zielgebieten. Sobald ein Vertreter den Ball gefangen hat, dürfen die anderen starten.
- Ein Tor ist dann erzielt, wenn der Ball hinter der Grundlinie auf dem Boden abgelegt wird.
- Nach jedem Treffer beginnt das Spiel erneut mit einem Schiedsrichterball.
- Der Ball darf nur nach hinten abgegeben werden.
- Der Ball darf getragen, bis Kopfhöhe geworfen oder geschossen werden.
- Der Spieler mit dem Ball kann durch einen leichten Schlag (touch) auf den Rücken von seinem Vorhaben gestoppt werden.
- Geschieht dies, muss er sofort den Ball einem Mitspieler zupassen, der hinter ihm steht.
- Der getouchte Spieler läuft anschließend bis zum eigenen Tor zurück und kann anschließend wieder ins Spielgeschehen eingreifen.

Der getouchte Spieler muss den Ball auf den Boden legen und ein gegnerischer Spieler (der „Toucher“ ausgenommen) nimmt ihn auf und spielt weiter. Regelwidrigkeiten wie unfaires und rohes Spiel führen zu Ballverlusten bzw. zu Zeitstrafen.

1 Rugby-Ei

6 - 12 TN pro Mannschaft

Rasenplatz

30 x 50 m

Nach Absprache

Passen, Fangen, taktisches Verhalten

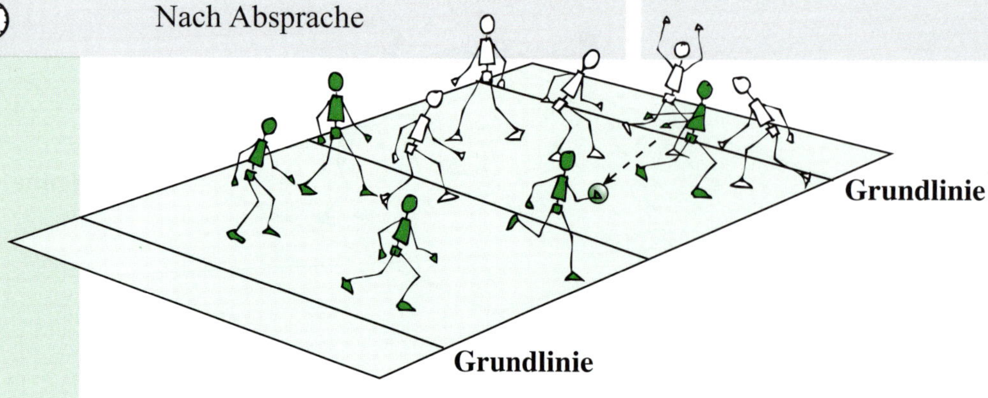

Grenzraumspiel

Ein Ball muss mit der Hand von einem Mannschaftsmitglied über die gegnerische Grenzlinie getragen werden.

- Schulung spieltaktischer Verhaltensweisen.
- Schulung des individuellen und mannschaftlichen Angriffs- und Abwehrverhaltens.

- Der Ball wird immer vom eigenen Grenzraum aus ins Spiel gebracht.
- Wird der Ball über die gegnerische Grenzlinie gebracht, wird ein Punkt vergeben.
- Jedes Mannschaftsmitglied muss den Ball berührt haben, bevor ein Punkt erzielt werden kann.
- Die Berührung kann durch Zuwerfen, Zuschießen, oder durch Vorbeirennen am Ballführenden erfolgen; dann muss der Ball mit dem Ellenbogen oder mit dem Kopf bzw. Knie berührt werden.
- Im Grenzraum dürfen maximal zwei Spieler den Ball berührt haben.
- Wird der Ball von einer Mannschaft zurückerobert, so beginnt der neue Angriff aus dem eigenen Grenzraum, den zuvor alle Spieler dieser Mannschaft aufsuchen müssen.

❶ Die Zahl der Mannschaften wird auf vier erhöht, dabei spielt jede Mannschaft auf drei Grenzräume und verteidigt einen.
❷ Bei starken Leistungsunterschieden können sich bei vier Mannschaften z.B. drei gegen die leistungsstärkste verbünden.

Rugby-, Stoff-, Fuß- oder Handball

Mind. 5 TN pro Mannschaft

Sporthalle, Sportplatz

Möglichst quadratisch

Nach Absprache

Passen, Fangen, spieltaktisches Verhalten

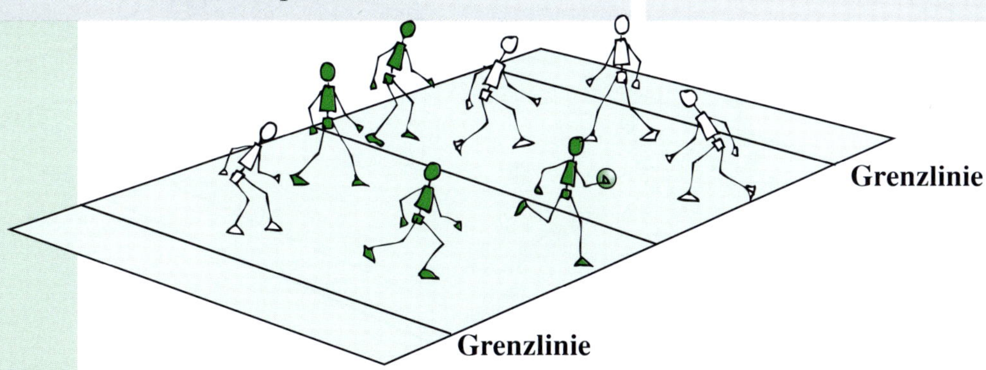

Raufball

Raufball gilt als weniger reglementierte Vorstufe zum Rugby. Wie bei Blitzball versuchen die Spieler, durch rasche Sprints den Ball hinter die gegnerische Grenze zu bringen.

- Förderung des Zusammenspiels.
- Vermittlung von Fairness trotz körperbetonten Spiels.
- Förderung der konditionellen Fähigkeiten.

Zusätzlich zu den „Blitzball-Regeln" gelten folgende Vereinbarungen:

- Der Ball darf dem Gegner aus der Hand geschlagen oder gerissen werden.
- Der Ball kann vom ganzen Körper gedeckt und verteidigt werden.
- Es darf nur der Spieler angegriffen werden, der den Ball besitzt.
- Der Schiedsrichter hat bei Zweifelsfällen die Möglichkeit, auf Hochball zu entscheiden.

1 Medizinball oder 1 Rugby-Ei, 4 Hütchen

7 - 10 TN pro Mannschaft

Rasenfläche, Halle

Je nach Spielerzahl, jedoch mindestens 15 m breit und 40 m lang;
Tore: 10 bis 15 m lang und 1 m breit

Nach Absprache

Passen, Fangen, taktisches Verhalten

Soft Gaelic Football

Der Ball wird aus der Hand so in die gegnerische Endzone geschossen, dass er von einem Mitspieler aus der Luft gefangen werden kann.

- Schulung sportspielspezifischer Techniken (Fangen)
- Förderung taktischer Verhaltensweisen

- Das Spiel beginnt mit einem „Kick Off". Ein Spieler hält den Ball mit der Spitze auf den Boden der eigenen Endzonenlinie, ein anderer Spieler schießt den Ball in Richtung der gegnerischen Endzonenlinie.
- Jeder Ball, der in der gegnerischen Endzone gefangen wird, zählt 2 Punkte.
- Die Spieler verteidigen nach Basketballregeln.
- Der Ball muss immer mit den Händen gefangen und mit den Füßen weitergespielt werden.
- Der Ball darf beliebig oft den Boden berühren.
- Der Ballführende darf maximal 2 Schritte laufen.
- Ein Regelverstoß in der eigenen Endzone wird mit einem Verlust des Balles geahndet. Dabei muss der erste Pass aber aus der Endzone heraus erfolgen (gegen die Angriffsrichtung).

Rugby- oder Football/Fußball oder Volleyball, Markierungslinien

10 - max. 30 TN

Sporthalle, Sportplatz

Basketballfeldgröße

Nach Zeit oder nach Punkten

Grundformen des Fangens und des Spannstoßes

Alaska-Ball

Mannschaft A kickt den Ball ins Feld und läuft um einen Malstab und zurück hinter die Wurflinie. Mannschaft B fängt den Ball und bildet am Fangort einen Tunnel. Der Ball wird nun vom Letzten durch die gegrätschten Beine gerollt, vom Vordermann aufgenommen und hinter die Wurflinie getragen. Gleichzeitig ruft er Alaska. Wer von den Läufern bis dahin die Grundlinie nicht erreicht hat, ist verbrannt. Wie viele Läufer konnten bis zum Ruf die Grundlinie erreichen?

- Schulung technischer und taktischer Grundelemente des Zielspiels „Baseball".

- Nach einer festgelegten Anzahl von Durchgängen erfolgt der Wechsel.

1 Ball, 1 Hütchen

6 - 10 TN pro Team

Halle, Rasen

10 - 15 m x 25 - 35 m

Nach Zeit oder Durchgängen

Fangen, Werfen

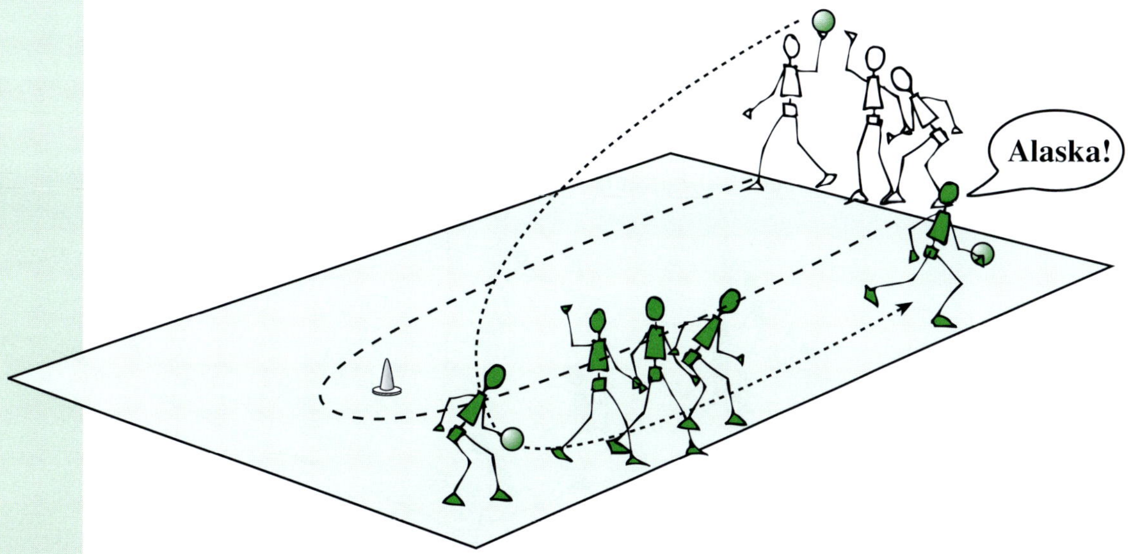

Alle Spieler gegen alle

Eine Läuferpartei versucht – nachdem sie einen Ball ins Feld geschlagen hat – eine festgelegte Laufstrecke zurückzulegen. Ein Feldteam hat das Ziel, erfolgreiche Läufe der Läuferpartei zu verhindern.

- Rasches Zusammenspiel in der Feldpartei.
- Schulung des taktischen Verhaltens in der Läufer- und in der Feldpartei.

- Nachdem ein Spieler der Läuferpartei einen Ball mit einem Holzschläger ins Feld geschlagen hat, laufen alle aus der Läuferpartei von der Startlinie zur Wendelinie und wieder zurück zu ihrem Ausgangspunkt.
- Jeder Spieler der Läuferpartei bekommt einen Punkt, wenn
  1. der geschlagene Ball von der Feldpartei nicht direkt gefangen wurde und wenn
  2. sie, ohne mit dem Ball **abgeschlagen** worden zu sein, die Startlinie wieder erreichen.
- Bringt die Feldpartei den Ball erst unter Kontrolle, wenn dieser den Boden schon berührt hatte, kann sie durch rasches Zupassen und sicheres Fangen, einen oder mehrere Läufer mit dem Ball abschlagen.
- Die Läuferpartei ist solange an der Reihe, bis alle aus dem Team den Ball einmal ins Feld geschlagen haben.
- Nach dem Rollenwechsel zwischen Läufer- und Feldpartei ist das Team mit den meisten Punkten Sieger.

Tennisball, Holzschläger (z.B. Speckbrettschläger)

20 - 22 TN (zwei gleichstarke Teams)

Halle oder im Freien

15 - 25 m

Abhängig von der Anzahl der TN

Passen und Fangen

Besen-Brennball

Zwei Mannschaften spielen miteinander eine Art Brennball. Mannschaft A verteilt sich im Raum und holt den Ball, um auf ein festgelegtes Ziel zu werfen. Mannschaft B läuft gruppenweise von Mal zu Mal und befindet sich dort in Sicherheit, sobald der erste der Gruppe das Mal erreicht hat. Alle Gruppenmitglieder werden durch ein Deuserband zusammengehalten.

- Erlernen sportartspezifischer Elemente.
- Förderung der Kooperation in den Mannschaften.

- Erreicht die Gruppe das Laufmal nicht, so steigt ein Spieler aus der Gruppe aus und wechselt mit dem Zuspieler seine Position. Steigen mehrere Spieler aus, so bilden diese neue Gruppen.
- Die Aufgaben des Zuwerfers und des Schlagmannes sind folgende: Der Zuwerfer wirft dem Schlagmann nach jedem unterbrochenen Lauf den Ball zu. Wird er ausgewechselt, wird er selbst zum Schlagmann. Beim Wurf steht er außerhalb des Abschlagkreises.
- Der Schlagmann schlägt den zugeworfenen Ball mit einem Besen ins Feld. Sobald der Ball in der Luft ist, dürfen die Läufer rennen. Wird der Schlagmann durch den Zuwerfer ersetzt, wird er ebenfalls zum Läufer und ergänzt die Gruppen.
- Pro Abschlag muss eine Mannschaft starten.
- Steht keine Mannschaft mehr zur Verfügung, tauschen Mannschaft A und B die Aufgaben.

1 Tennisball, 1 Besen (Baseball-Schläger, Keule etc.), 4 Malsteine (Hütchen, kleine Kästchen, Matten etc.), 1 Reifen als Ziel

Mind. 7 TN pro Mannschaft

Halle, Rasenplatz

Mind. 10 x 20 m

15 Min.

Werfen, Auge-Hand-Koordination

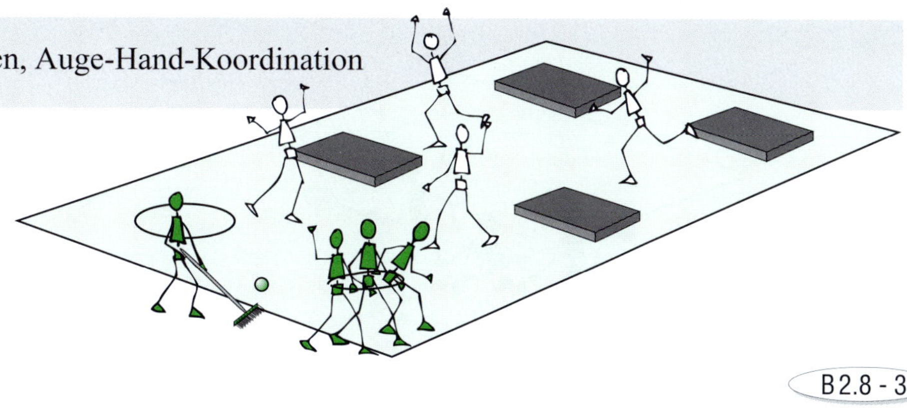

Ein Spieler gegen alle

Ein Läufer der Läuferpartei versucht – nachdem er einen Ball ins Feld geschlagen hat – eine festgelegte Laufstrecke zurückzulegen. Ein Feldteam hat die Aufgabe, seinen erfolgreichen Lauf zu verhindern.

- Rasches Zusammenspiel in der Feldpartei.

- Nachdem ein Spieler der Läuferpartei einen Ball mit einem Holzschläger ins Feld geschlagen hat, läuft er von dem Startpunkt zum Wendepunkt und wieder zurück zum Startpunkt.
- Die weiteren Regeln siehe „Alle Spieler gegen alle“ (s.S. B2.8 - 2).
- Der Läufer darf während seines Laufs von der Start-, zur Wende - und wieder zurück zur Startmarke nicht behindert werden.

Je nach Qualität des Abschlags kann die Wendemarke als Freimal benutzt werden. Nach Abschlag des nächsten Läufers muss er die Wendemarke verlassen.

Tennisball, Holzschläger (z.B. Speckbrettschläger)

Zwei gleichstarke Teams (mind. 5 TN/Team)

Halle oder im Freien

10 x 20 m

Nach Punkten oder nach Zeit

Auge-Hand-Koordination (Läuferpartei), Passen und Fangen (Feldpartei)

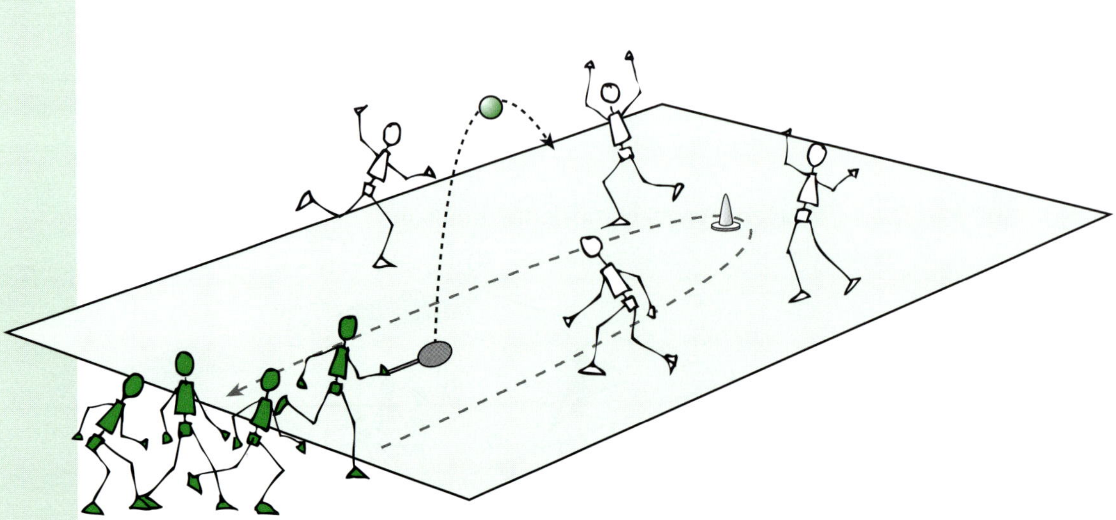

Fluchtball

Ein Läufer der Läuferpartei versucht – nachdem er einen Ball ins Feld geschlagen hat – eine festgelegte Laufstrecke zurückzulegen und damit einen Punkt zu erreichen. Die Feld- und Wurfpartei hat das Ziel, diesen Erfolg zu verhindern.

- Förderung des taktischen Verhaltens und der Kooperation.
- Schulung von Schnelligkeit und Gewandtheit.

- Ein Teilnehmer der Läuferpartei schlägt den Ball mit seinem Unterarm oder mit der Faust ins Spielfeld und versucht unmittelbar danach das Spielfeld zu umrunden.
- Ein weiterer Teilnehmer aus der Läuferpartei läuft ins gegnerische Spielfeld der Werferpartei. Gelingt es ihm, solange nicht abgeworfen zu werden, bis sein Kollege die vier Malstangen umrundet hat, so bekommt sein Team einen Punkt.
- Wenn die Rollen zwischen den Läufern und Werfern gewechselt haben, werden am Schluss des Spiels die erzielten Punktestände verglichen.

Schaumstoffball, Markierungen

Ab 8 Spieler

Halle oder im Freien

10 x 20 m

Nach Absprache oder nach Zeit

Taktisches Verhalten

Handschlagball

Die Außenfeldmannschaft versucht durch taktisches Werfen und schnelles Laufen einen Punkt zu erzielen. Die Feldmannschaft sollte den Ball schnell abfangen und den Läufer abwerfen.

- Schulung von Schnelligkeit, Gewandtheit und taktischem Verhalten bei der Außenfeldmannschaft.
- Förderung von Fangsicherheit, Wurfgenauigkeit und Reaktionsfähigkeit bei den Feldspielern.

- Mannschaft A stellt sich der Reihe nach hinter der Abwurflinie (z.B. Aufschlaglinie vom Volleyball) auf.
- Team B verteilt sich gleichmäßig im Feld.
- Ca. 18 m von der Abwurflinie entfernt steht ein Hütchen.
- Werfer 1 wirft von der Abwurflinie den Ball, rennt zum Mal und versucht, ohne abgeworfen zu werden, wieder hinter die Abwurflinie zu gelangen.
- Gelingt das, erhält seine Mannschaft einen Punkt.
- Die Fangpartei hingegen bemüht sich, dies zu verhindern, indem sie den Ball abfängt und den Läufer vielleicht sogar abwirft. Hat sie Erfolg, bekommt der Läufer keinen Punkt, darf jedoch weiterspielen.
- Bälle, die direkt über die seitliche Feldbegrenzung fliegen, sind ungültig.

❶ Wird ein Läufer von den Werfern getroffen, scheidet er aus.
❷ Der getroffene Läufer wechselt zum anderen Team.
❸ Der Läufer wird nicht abgeworfen, sondern der Ball muss in ein Wurfmal, bevor der Läufer über die Ziellinie läuft.

Softvolleyball, 1 Hütchen bzw. Fähnchen

6 - 12 TN pro Mannschaft

Halle, Rasenplatz etc.

Volleyballfeld oder größer

2 x 10 Min.

Werfen, Fangen

Laufen gegen Werfen

Die Läuferpartei durchläuft ihre Rundenstaffel möglichst schnell, um die Anzahl der Würfe der Werferpartei gering zu halten.

- Schulung von Passen und Fangen unter Wettbewerbsbedingungen.

- Die Mitglieder der Läuferpartei umlaufen der Reihe nach ein Viereck.
- Innerhalb des Vierecks postiert sich die Werferpartei (s. Skizze) und wirft sich möglichst rasch und zielgenau einen Ball zu. Die einzelnen Würfe werden mitgezählt.
- Sobald der letzte Läufer das Ziel erreicht hat, stoppt die Werferpartei ihre Würfe. Die bis dahin erreichte Anzahl an Würfen wird festgehalten.
- Nach einem Rollentausch kann nun ermittelt werden, wer die höchste Anzahl an Würfen zustande bringt.

Markierungen für das Laufviereck und die Positionen der Werfer

Zwei gleichstarke Teams, mind. 5 TN/Team

Halle oder im Freien

10 x 20 m

Abhängig von der Anzahl der TN und der Spielrunden

Passen und Fangen

Von Insel zu Insel

Ein Läufer der Läuferpartei versucht - nachdem er einen Ball ins Feld geschlagen hat - eine festgelegte Laufstrecke zurückzulegen. Ein Feldteam hat die Aufgabe den erfolgreichen Lauf zu verhindern, indem die Läufer mit dem Ball berührt werden.

- Rasches Zusammenspiel in der Feldpartei.

- Nachdem ein Spieler der Läuferpartei einen Ball mit einem Holzschläger ins Feld geschlagen hat, läuft er von dem Startpunkt zur nächsten Rettungsinsel.
- In der Reihenfolge, in der die Läufer den Ball ins Feld geschlagen haben, werden auch die Rettungsinseln von den einzelnen Läufern besetzt. An einer Rettungsinsel dürfen sich nicht zwei Läufer aufhalten.
- Die weiteren Regeln siehe „Alle Spieler gegen alle“ (s.S. B 2.8 - 2).
- Im Feld befindet sich ein Mal, das von einem Feldspieler (Kapitän) besetzt ist. Die Feldspieler haben die Möglichkeit entweder ihrem Kapitän zuzuwerfen (hat der Kapitän den Ball gefangen, hebt er sofort die Hand) oder nach wie vor die Läufer mit dem Ball in der Hand zu berühren.

1 Ball, 5 Rettungsinseln markieren, 1 Schläger

Zwei gleichstarke Teams, mind. 6 TN/Team

Halle oder im Freien

15 x 25 m

Nach Punkten

Passen und Fangen

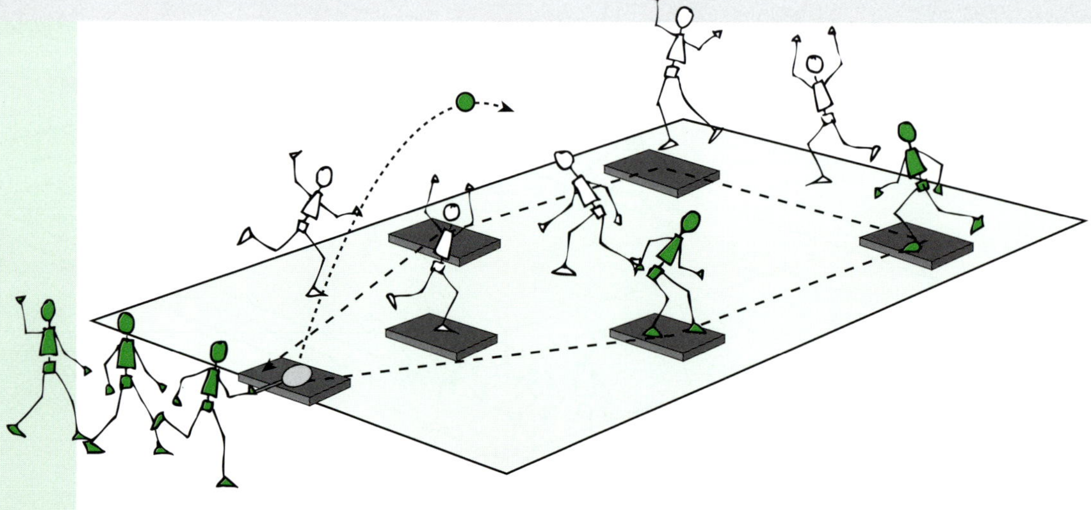

Werfen ist schneller als Laufen

Der Läufer versucht, seine Laufstrecke schneller zu durchlaufen als die Flugzeit eines von Base zu Base geworfenen Balles.

- Rasches Zusammenspiel in der Feldpartei.

- Nachdem ein Spieler der Läuferpartei einen Ball mit einem Holzschläger ins Feld geschlagen hat, läuft er von dem Startpunkt zum Wendepunkt und wieder zurück zum Startpunkt.
- Die weiteren Regeln siehe „Alle Spieler gegen alle" (s.S. B 2.8 - 2).
- Der Läufer darf während seines Laufs von der Start- zur Wende - und wieder zurück zur Startmarke nicht behindert werden.
- Der ins Feld geschlagene Ball muss so schnell wie möglich unter Kontrolle gebracht und zu Base 1 geworfen werden. Von hier aus „wandert" er über Base 2 und 3 nach Base 4.
- Sollte zwischenzeitlich der Läufer seinen Ausgangspunkt eher erreicht haben als der Ball Base 4, so hat die Läuferpartei einen Punkt erzielt.
- Nachdem alle Läufer an der Reihe waren, wird das Feldteam zur Läuferpartei und umgekehrt.
- Wahlweise kann der Wurfweg verlängert oder der Laufweg durch Hindernisse erschwert werden.

Der Läufer darf erst starten, wenn der Ball von der Feldpartei unter Kontrolle gebracht wurde und zu Base 1 gespielt werden kann.

Tennisball, Holzschläger, Matten, ggf. zusätzliche Geräte

Zwei gleichstarke Teams, mind. 6 TN/Team

Halle oder im Freien

15 x 25 m

Nach Punkten

Passen und Fangen

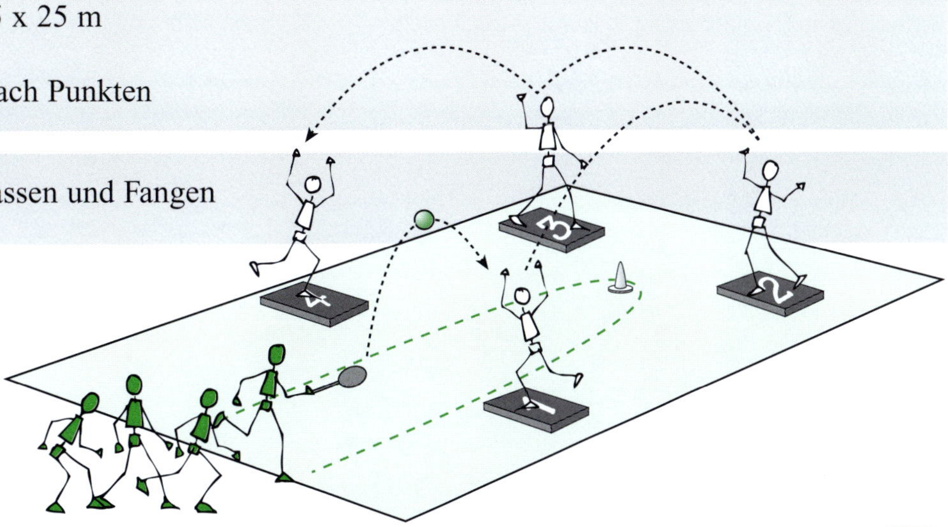

Faustball-Korbleger

Die Spieler versuchen abwechselnd den Ball in den Basketballkorb zu spielen.

- Schulung sportartspezifischer Techniken unter veränderten Bedingungen.
- Schulung der Zielgenauigkeit.

- Der vom Korb, vom Brett oder von der Wand abprallende Ball darf vor jedem Schlag nur einmal den Boden berühren.
- Faustball-Korbleger ohne Brettberührung zählen 2 Punkte, mit Brettberührung 1 Punkt.
- Nach jedem Treffer wird der Spielgang von einem Markierungspunkt (Entfernung zum Korb 3 - 6 m) neu eröffnet.

1 Hohlball, 1 Basketballkorb

1 gegen 1

Halle, Streetbasketballplatz

3-Punkte-Linie Basketball

Nach Zeit oder Gewinnsätzen

Faustballspezifische Grundtechniken, taktisches Verhalten

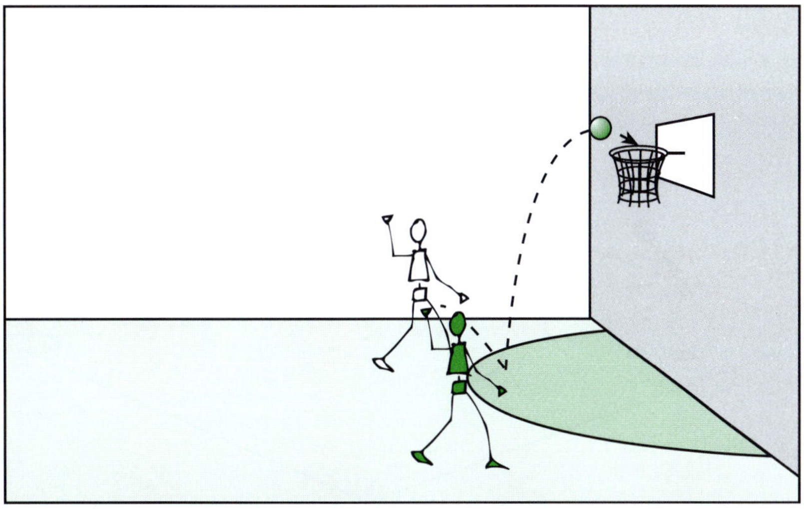

Faustball-Rundlauf

Der Ball wird so über die Leine gespielt, dass der gegnerische Spieler ihn nicht regelgerecht zurückspielen kann.

- Schulung der Schlagsicherheit.
- Verbesserung der sportartspezifischen Techniken durch Gruppen-Spielformen.

- Der Aufschlag erfolgt mit dem Unterarm von der Grundlinie.
- Jeder Spieler läuft nach seinem Rückschlag außerhalb des Feldes hinter die andere Spielfeldhälfte.
- Jeder Spieler darf 3 Fehler (5, 7...) machen, danach scheidet er aus.
- Die beiden letzten Spieler ermitteln den Sieger im Einzelspiel, Zählweise bis zu drei Gutpunkten.

1 Hohlball, 1 Leine

3 - 7 TN pro Team

Halle, Rasenplatz

3 x 11 m, Leinenhöhe 1 m

Nach Absprache (z.B. 5 Min.)

Faustballspezifische Grundtechniken

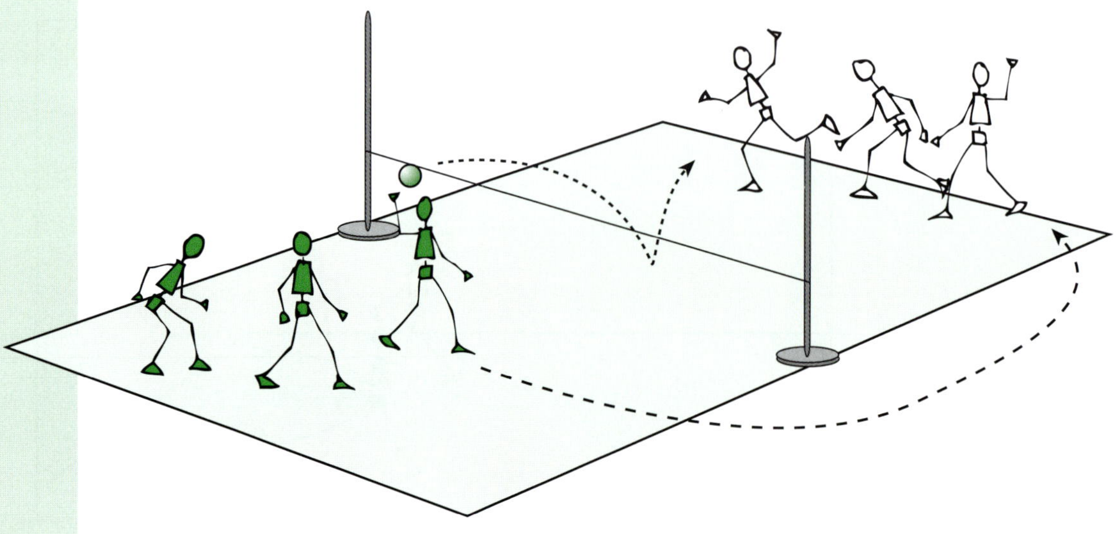

Faustball-Squash

Der Ball wird so gegen die Wand gespielt, dass der Gegner ihn nicht regelgerecht wieder zurück an die Wand spielen kann.

- Schulung sportartspezifischer Techniken unter veränderten Bedingungen.
- Förderung des Reaktionsvermögens.

- Abwechselnd wird der Ball mit dem Unterarm in das Wandfeld gespielt, wobei er vom Wandfeld in das Bodenfeld springen muss.
- Der Aufschlag erfolgt mit dem Unterarm von der Grundlinie des Bodenfeldes.

1 Hohlball, Kreide

1 gegen 1

Halle, Hauswand

3 x 3 m und 0,5 m von der Wand entfernt, Wandfeld: ca. 3 x 3 m und 1 m vom Boden entfernt

Nach Zeit oder Gewinnsätzen

Faustballspezifische Grundtechniken, taktisches Verhalten

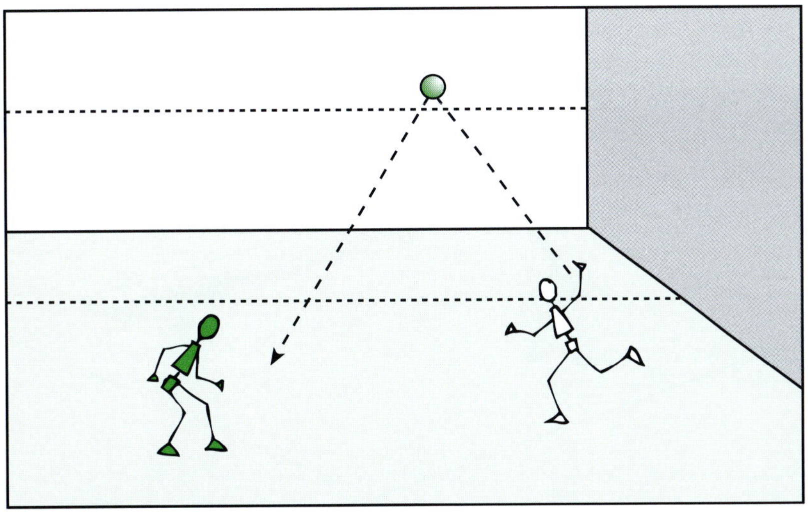

Faustball-Tennis (Einzel)

Der Ball wird so über die Langbank gespielt, dass der Gegner ihn nicht regelgerecht zurückspielen kann.

- Spielerische Verbesserung der Grundtechniken unter veränderten Bedingungen.
- Schulung taktischer Verhaltensweisen (Spielen in den freien Raum).

- 1 Ballkontakt pro Spieler, d.h. Ballannahme = Rückschlag.
- Ballkontakt (direkt oder indirekt) nur mit dem Unterarm (keine Überkopfschläge).
- Aufschlag erfolgt von der Grundlinie.

1 Langbank, 1 Hohlball

1 gegen 1

Halle, Rasenplatz, Tartanplatz

10 x 4 m

Nach Zeit oder Gewinnsätzen

Faustballspezifische Grundtechniken, taktisches Verhalten

Faustball-Tennis (Doppel)

Der Ball wird so über die Langbank gespielt, dass die gegnerische Mannschaft ihn nicht regelgerecht zurückspielen kann.

- Förderung des Zusammenspiels.
- Schulung des taktischen Verhaltens im Mannschaftsspiel.

- Pro Team ist ein Ballkontakt erlaubt.
- Der Rückschlag kann von jedem der beiden Spieler ausgeführt werden, sonst wie Faustball-Tennis (Einzel).

1 Hohlball, 1 Langbank

2 gegen 2

Halle, Rasenplatz

10 - 12 x 4 m

Nach Zeit oder Gewinnsätzen

Faustballspezifische Grundtechniken

Kleinfeld-Faustball

Der Ball wird so über die Leine gespielt, dass der gegnerischen Mannschaft die Abwehr, der Aufbau (das Zuspiel) und der Rückschlag erschwert oder unmöglich gemacht wird.

➡ Erlernen des Zielspiels unter vereinfachten Bedingungen.

➡ Der Ball darf nur mit der geschlossenen Faust oder einem Arm (bis zur Schulter, i.d.R. die Innenseite des Unterarms) berührt werden.
➡ Der Ball darf in jeder Feldhälfte
- nur einmal von demselben Spieler,
- nur dreimal insgesamt gespielt werden,
- nur einmal vor jedem Schlag den Boden berühren.

1 Hohlball, 1 Netz

3 gegen 3

Halle, Rasenplatz

5 x 14 m, Leinenhöhe: 1,60 m

2 Gewinnsätze bis jeweils 15 Punkte

Faustballspezifische Grundtechniken

Mini-Faustball

Der Ball wird so über die Leine gespielt, dass der gegnerischen Mannschaft die Abwehr und der Rückschlag erschwert oder unmöglich gemacht wird.

- Lernen der Grundtechnik „Angriff".
- Verbesserung sportartspezifischer Techniken.
- Erlernen des taktischen Verhaltens im Mannschaftsspiel durch vereinfachte Regeln (Feldaufteilung).

- Wie Faustball-Tennis (s.S. B 2.9 - 4), der Ball darf pro Team aber zweimal berührt werden (direkt oder indirekt).

1 Hohlball, Leine

2 gegen 2

Halle, Rasenplatz

4 x 12 m, Leinenhöhe: 1,50 m

2 x 10 Min.

Faustballspezifische Grundtechniken

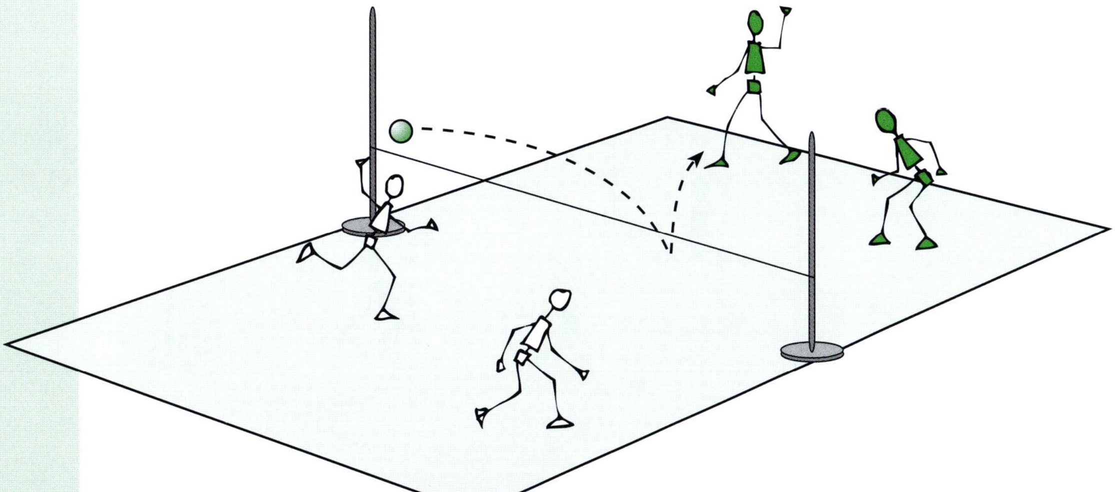

Volley-Faustball

Der Ball wird so über die Leine gespielt, dass der gegnerischen Mannschaft die Abwehr, der Aufbau (das Zuspiel) und der Rückschlag erschwert oder unmöglich gemacht wird.

- Verbesserung des Volleyspiels durch eingeschränkte Regelauslegung.

- Nur die aufschlagsberechtigte Mannschaft kann punkten.
- Positionswechsel nach jedem gewonnenen Aufschlagsrecht.
- Aufschlag erfolgt von der Grundlinie.
- Nur direktes Spiel ist erlaubt.
- Pro Mannschaft sind nur drei Ballkontakte erlaubt (direkt, ohne Bodenkontakt).

1 Hohlball, 1 Leine

3 - 5 pro Team

Halle, Rasenplatz

9 x 18 m, Leinenhöhe: 2,40 m

2 Gewinnsätze

Faustballspezifische Grundtechniken

B 3 Komplexe Ballspiele

Faustball

Faustball ist ein Mannschaftsspiel mit dem Ziel, den Ball so über das Netz in die gegnerische Hälfte zu schlagen, dass ihn der Gegner nur mit Mühe oder überhaupt nicht fehlerfrei zurückschlagen kann.

- Schulung technischer und taktischer Elemente des Zielspiels.
- Anwendung der sportartspezifischen Grundfertigkeiten im Wettkampf.

- Jeder Spieler hat seinen festen Platz, d.h., es gibt keinen Rotationswechsel.
- Das Spiel beginnt mit dem Aufschlag von der 3 m-Aufschlaglinie und endet mit einem Fehler einer der beiden Mannschaften.
- Bei jedem Fehler der einen Mannschaft wird der anderen ein Punkt gutgeschrieben.
- Das Aufschlagrecht hat die Mannschaft, die den Fehler begangen hat.
- Der Ball darf nur mit der geschlossenen Faust oder einem Arm (bis zur Schulter) berührt werden.
- Der Ball darf in jeder Feldhälfte
  - nur einmal von demselben Spieler,
  - nur dreimal im ganzen geschlagen werden und
  - nur einmal vor jedem Schlag den Boden berühren.
- Als Fehler zählen:
  - das Berühren von Netz oder Pfosten durch Spieler oder Ball,
  - der Bodenkontakt des Balles außerhalb des Spielfeldes,
  - das nicht sichtbare Abwerfen des Balles aus der Hand beim Aufschlagen und die Ballberührung mit der offenen Hand.

Faustball

1 schwerer Ball (320 - 380 g), 1 Band (Netz)

5 TN pro Mannschaft (2 Abwehrspieler, 1 Zuspieler und 2 Angreifer)

Rasenplatz, Halle

50 x 20 m (im Freien) 40 x 20 m (Halle), Netzhöhe 2 m

2 x 15 Min.

Faustballspezifische Grundtechniken

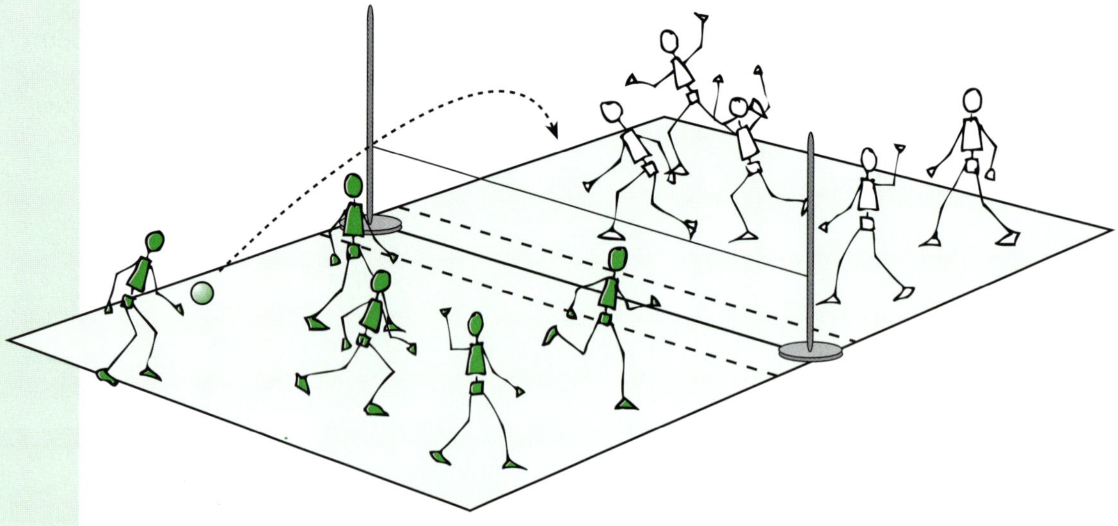

Intercrosse

Man sagt, dass Intercrosse das schnellste Wurf- und Fangspiel ist. Es wird auch das „no-contact-Spiel“ für Kinder, Jugendliche und Erwachsene genannt.
Jeder Spieler hat einen Intercrosse-Schläger in der Hand. Mit dem am Stock befestigten Korbteil (Schaufel) kann man den Ball vom Boden aufnehmen, transportieren oder wieder wegschleudern. Gespielt wird auf Tore.

- Erlernen eines internationalen Sportspiels
- Erfahren eines „no contact“-Spiels

- Stock- und Körperkontakt sind nicht erlaubt.
- Beide Hände müssen immer am Stock bleiben.
- Der Ball darf nur mit der Schaufel aufgenommen und gespielt werden.
- Der Ball muss vor dem Torschuss über die Mittellinie gespielt werden. Es müssen mindestens 2 Pässe gespielt werden.
- Mit dem Ball darf nur gelaufen, nicht gegangen werden.
- Nach spätestens 5 Sek. muss der Ball abgespielt werden.
- Innerhalb von 30 Sek. (40 Sek., 50 Sek. ...) muss der Torwurf erfolgen.

Intercrosse

Pro Spieler 1 Intercrosse-Stock, 1 Softball (tennisballgroß), 2 Tore (Hockeytore oder Kästen, Matten)

4 - 6 TN pro Mannschaft (offiziell 5 TN)

Halle

Hallenhandballfeld

Nach Absprache

Werfen und Fangen des Balles mit dem Intercrosse-Schläger

- Aufwärmen und Ballgewöhnung führen in das Spiel ein. Sowohl das Aufnehmen des Balles als auch das Fangen und Werfen sollte vor dem Spiel ausprobiert werden.
- Jeder übt mit einem Stock und einem Ball das Aufnehmen des Balles vom Boden, sowie das Hochwerfen und wieder Auffangen des Balles.
- Gegenseitiges Zurollen und Zuwerfen des Balles sowie Aufnehmen und Auffangen.
- Ballgewöhnung im Kreis.
- Zielschießen auf das Tor.
- Transportstaffeln.
- Weitschießen über die Hallenbreite.

Jokeiba

Jokeiba, das Spiel mit dem Ei. Das Besondere an diesem Spiel ist der Torversuch und die Form des Balles. Das weitgehend körperlose Spiel stellt intensive Anforderungen an die Spieler, die laufen und sprinten, werfen und fangen und vor allem springen und fallen werden. Alle wesentlichen Bewegungs- und Taktikformen sind hier enthalten.

- Schulung taktischen Verhaltens
- Vermittlung eines kommunikativen, koedukativen Sportspiels

- Das Spiel beginnt mit einem Anwurf wie beim Wasserball, d.h., beide Mannschaften stehen hinter ihrer Startlinie. Der Ball wird so geworfen, dass er in der Spielfeldmitte, kurz vor Eintreffen der Spieler aufkommt.
- Es wird nur mit den Händen gespielt, wobei der Ball nicht länger als 3 sec gehalten werden darf.
- Mit dem Ball darf man weder laufen noch springen, abbremsen ist jedoch erlaubt.
- Zum Ballführer muss ein Abstand von 0,50 m eingehalten werden.
- Die Torräume dürfen nur bei einem Torversuch berührt werden.
- Torversuch heißt: Ein Spieler ohne Ball muss von außerhalb der „Flugzone“ abspringen, den von einem Mitspieler zugeworfenen Ball in der Luft fangen und anschließend mit dem Ball unter Kontrolle im Torraum mit zwei Kontakten aufkommen.
- Das Betreten des eigenen Torraumes ist nicht erlaubt.
- Greifen zwei Spieler gleichzeitig zum Ball, so entscheidet ein „Jump“ (hochgeworfener Ball vom Schiedsrichter).
- Die Wurftechnik ist mit der vom Handball zu vergleichen.

Jokeiba

1 - 3 oder mehr American-Footbälle, mind. 2 Torräume durch Kreide markiert, Markierungshütchen

4 - 12 TN pro Mannschaft

Rasenplatz, Halle, Strand etc.

Basketballfeldgröße

Nach Zeit oder Punkten

Passen, Fangen, taktisches Verhalten

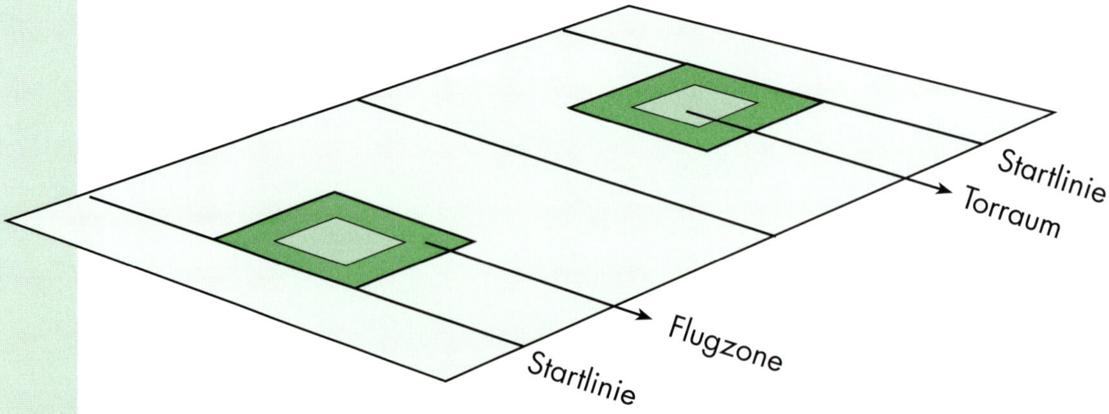

Korbball

Ziel beider Mannschaften ist es, durch sichere Ballführung und schnelles Zuspiel möglichst viele Treffer zu erzielen und den eigenen Korb durch konsequente Deckung zu schützen. Die Mannschaft mit den meisten Körben hat gewonnen.

- Förderung der Wurfgenauigkeit.
- Förderung des schnellen Passspiels.

- Gespielt wird mit 6 Feldspielern und einem Korbwächter, der im Kreis steht.
- Der Korbwächter darf den Korbraum nicht verlassen.
- Spielbeginn erfolgt mit Sprungball oder Anspiel (Losentscheidung).
- Als Korb zählen nur Würfe, die von außerhalb des Kreises geworfen wurden.
- Es ist nicht erlaubt, mit dem Ball in der Hand mehr als 3 Schritte zu laufen und ihn länger als 3 sec zu halten.
- Absichtliche Berührungen mit Fuß oder Unterschenkel sind nicht erlaubt.
- Herausreißen und Herausschlagen des Balles beim Gegner gilt als Foul.
- Das Rückspiel zum eigenen Korbwächter wird mit einem 4 m-Freiwurf geahndet.
- Beim Freiwurf muss der Gegner 3 m Abstand halten.

Korbball

2 tragbare Körbe, 1 Basket- oder Hohlball

4 - 7 TN pro Korb

Halle, Tartanplatz

Mind. 15 x 30 m, der Korb ist 2,50 m hoch und steht 4 - 7 m von der Grundlinie entfernt in einem Kreis mit 6 m Durchmesser

2 x 15 Min.

Passen, Werfen, Zielwurf, taktisches Verhalten

Korfball

Zwei gemischte Mannschaften spielen auf zwei Körbe, wobei die Angreifer und Verteidiger an bestimmte Aktionsräume gebunden sind. Jeder Spieler hat seinen persönlichen Gegenspieler. So entstehen bei 16 Spielern eigentlich 8 Mini-Wettkämpfe. Gewandtheit, Schnelligkeit und Eleganz sind die Eigenschaften dieses Spieles. Ziel ist es, Korbtreffer zu erzielen und zu verhindern.

- Erleben eines Sportspiels, bei dem Männer und Frauen gleichberechtigt mitspielen können.
- Schulung des taktischen Verhaltens.
- Förderung des schnellen Passspiels.

- Das Spiel beginnt durch einen Schiedsrichterball.
- Bei 16 Spielern stehen in jeder Hälfte 2 Frauen und 2 Männer jeder Mannschaft. Es spielen immer Mädchen gegen Mädchen und Jungen gegen Jungen.
- Die 4 Angreifer und 4 Verteidiger dürfen ihre jeweilige Spielhälfte nicht verlassen.
- Nach 2 erzielten Körben, d.h. immer wenn die Summe der erzielten Körbe gerade ist, wechseln die Mannschaftsteile ihre Spielhälfte.
- Jeglicher körperlicher Angriff ist verboten.
- Mit dem Ball darf nicht gelaufen werden.
- Der Ball darf nicht geprellt werden.

Mono-Korfball: Alle 16 Spieler/Innen spielen auf einen Korb und dürfen sich frei über das ganze Feld bewegen.

Korfball

1 Basketball, 2 Körbe, die ca. 6 m von der Grundlinie entfernt stehen

Pro Mannschaft 4 Jungen und 4 Mädchen, d.h. 16 Spieler/innen

Halle, Rasenplatz

20 x 30 m

2 x 30 Min.

Passen, Fangen, taktisches Verhalten (Spielübersicht), basketballspezifische Grundtechniken

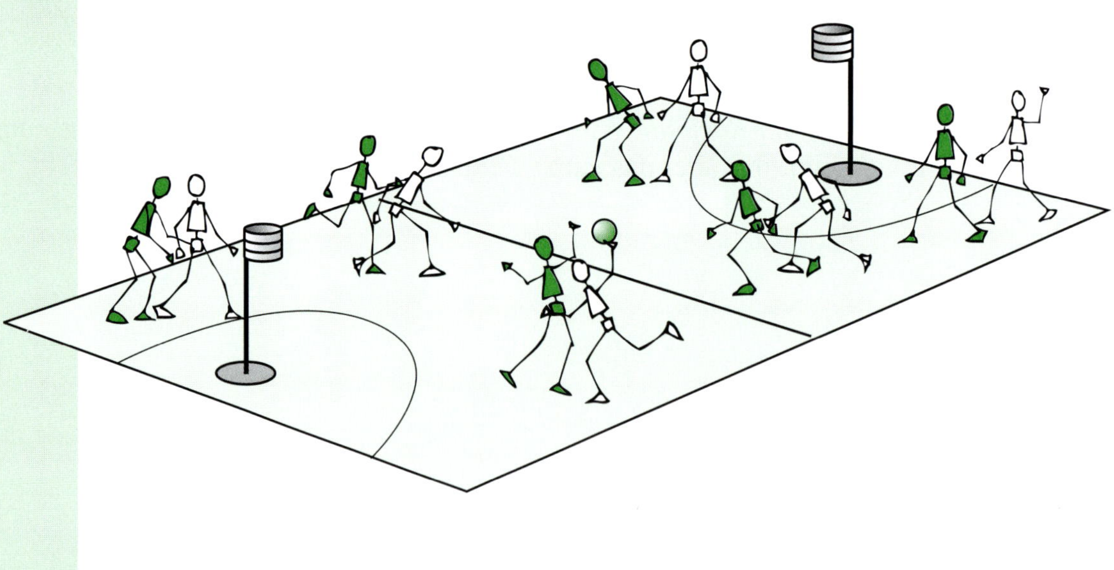

Tchoukball

Vom spanischen Pelotaspiel wurde der Gedanke übernommen, dass ein Ball so gegen ein Ziel zu werfen ist, dass die gegnerische Mannschaft Schwierigkeiten bei der Annahme des zurückspringenden Balles hat.

- Schulung des schnellen Passspiels.
- Förderung des taktischen Verhaltens.
- Erleben eines aggressionslosen Spiels.

- Ein Punkt wird dann erzielt, wenn die angreifende Mannschaft den Ball so auf das „frame" wirft, dass er im Feld den Boden berührt, bevor ein Verteidiger ihn auffangen konnte.
- Während der Fangversuche dürfen die Verteidiger nicht behindert werden.
- Der Torraum darf sowohl beim Torwurf als auch bei der Abwehr nicht betreten werden.
- Ein Ball, der vom „frame" zurückspringt und im Torraum landet, ist ungültig.
- Es darf kein Ball von der gegnerischen Mannschaft abgefangen werden.
- Spätestens nach 3 Pässen muss auf das „Gitter" geworfen werden.

Tchoukball

1 Hand-, Basket- oder Softball; das „Tor“ beim Tchoukball nennt man „frame“; es sieht einem Minitrampolin (90 cm Durchmesser) ähnlich. Es weist einen Winkel von 60 ° zum Boden auf und gewährleistet somit, dass der geworfene Ball entsprechend dem Spielgedanken ins Feld zurückspringt. Das „frame“ kann somit auch durch ein Trampolin, ein Sprungbrett oder durch Kastenteile hergestellt werden.

4 - 12 TN pro frame

Halle

Tchoukball kann sowohl mit einem als auch mit zwei Netzen gespielt werden. Das Feld ist dann entweder quadratisch 15 - 20 m bzw. 30 - 40 m lang und 15 - 20 m breit. In der Mitte der jeweiligen Stirnseite befinden sich die „Tore“. Der Wurfkreis vor dem Netz hat einen Radius von 3 m.

Nach Absprache

Fangen, Passen, Zielwurf, taktisches Verhalten

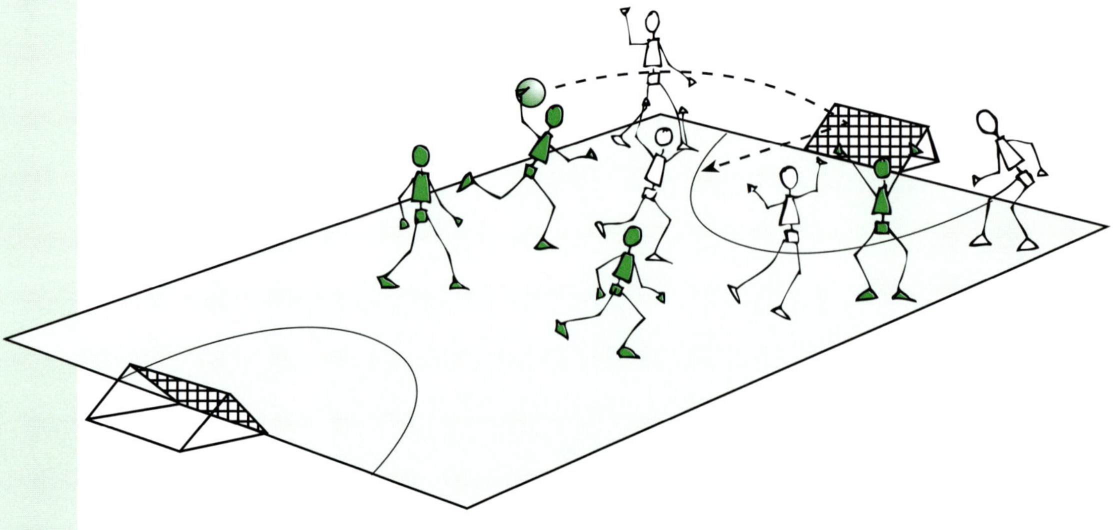

B 4 Trend-Ballspiele

Beach-Handball

Man stelle sich vor, dass beim Handballspiel die Sonne auf den Rücken scheint, der Wind um die Nase bläst und dass nach jedem Spiel eine Abkühlung im Wasser winkt: So ähnlich ist Beach-Handball.

- Erleben freizeitsportlicher Alternativen des Großen Sportspiels.
- Förderung der konditionellen Fähigkeiten.

- Gespielt wird mit 3 Spielern und einem Torwart.
- Ein erzieltes Tor zählt einen Punkt, trifft der Torwart aus dem Inneren des Spielfeldes, erhält die Mannschaft 2 Punkte.
- Wird das Tor durch Kempa-Trick erzielt (Ballannahme über dem Torraum und Torwurf in der Luft) erhält der Schütze ebenfalls 2 Punkte.
- Mit dem Ball in der Hand darf man nur drei Schritte machen.
- Der Ball darf geprellt werden.
- Gespielt wird zwei Sätze (= 2 x 7 Tore). Bei 1:1 gibt es ein Penalty-Werfen mit 5 Spielern nach folgendem Schema: Der Spieler läuft auf Pfiff aus der eigenen Spielfeldecke in Richtung des gegnerischen Tores. Er erhält von seinem eigenen Torwart ein Zuspiel und wirft auf das Tor. Der gegnerische Torwart darf den Torraum verlassen und versuchen, dieses Zuspiel zu stören. Der Torwart darf auch direkt ins gegnerische Tor werfen.
- Der Ball darf dem Torwart direkt zugespielt werden.

1 Beach-Handball (PVC) o.ä., 2 Tore

4 TN pro Mannschaft

Strand, Tartanplätze, Halle, Rasen

11 m x 27 m (2 x 6 m Torraum + 15 m Spielfläche)

Nach Sätzen (ein Satz entspricht 7 Toren)

Handball-spezifische Grundtechniken

Beach-Volleyball

Beach-Volleyball ist eine an den Stränden Amerikas erfundene Variante, die in der Zwischenzeit auch bei uns an Popularität stark gewonnen hat. Ziel ist es, den Ball regelgerecht über das Netz zu schlagen, so dass er den Boden in der gegnerischen Hälfte berührt, bzw. dies zu verhindern.
Gespielt wird 2 gegen 2 in einem verkleinerten Feld. Die Techniken Pritschen und Baggern und vor allem das Hechten in den Sand bestimmen das Spiel.

- Erleben einer freizeitorientierten Alternative für Teilnehmer jeden Alters.
- Erleben des Volleyballspiels unter erschwerten Bedingungen (2 Spieler, Sand).
- Förderung der konditionellen Fähigkeiten und der taktischen Verhaltensweisen.

- Höchstens 3 Ballberührungen pro Team.
- Nach jeweils 5 erzielten Punkten werden die Seiten gewechselt.
- Gepunktet wird nur bei eigenem Aufschlag.
- Aufschlagrecht bekommt man bei Fehlern des Gegners.

1 Volleyball, 1 Netz (Höhe je nach Spielniveau), viel Sand

2 TN pro Mannschaft

Strand oder ein im Schwimmbad oder am See künstlich hergerichteter Sandplatz

18 x 8,5 m, mit ausreichendem Schutzraum

2 Sätze bis 15 Punkte

Volleyballspezifische Grundtechniken

Als Spielball ist natürlich auch ein Wasserball einsetzbar.

Streetbasketball

Ein spannendes (Ziel-)Wurfspiel mit wechselndem Angriff und wechselnder Abwehr. Sechs Spieler, aufgeteilt in zwei Mannschaften, werfen auf einen Korb. Vereinfachte Spielregeln und eine selbständige Abwicklung des Spiels, d.h. das Spiel ohne Schiedsrichter, prägen das Spielgeschehen.

- Förderung der eigenständigen, selbstorganisierten Spielgestaltung.
- Förderung der eigenständigen Regelauslegung/Konfliktlösung.

- Prinzipiell werden die Regeln vor dem Spiel zwischen den Spielern abgesprochen. Bei Turnieren werden jedoch einheitliche Regeln vorher festgelegt.
- Faires Spielen ersetzt den Schiedsrichter.
- Das beginnende Team wird durch Auslosung festgelegt.
- Um Alleingänge zu verhindern, müssen mindestens 2 Spieler einer Mannschaft vor einem Korberfolg den Ball berührt haben.
- Nach jedem Korberfolg wechselt der Ballbesitz.
- Nach jedem Foul oder „Aus" erhält die gegnerische Mannschaft den Ball hinter der Distanzlinie. Geschieht das Foul während eines erfolgreichen Wurfes, so zählt der Korb und der Ballbesitz wechselt.
- Die Spieler zeigen selber an, ob sie gefoult wurden, bzw. ob sie gefoult haben. Bei Unstimmigkeiten kann der Spielbeobachter eingreifen.
- Jeder Korberfolg zählt 1 Punkt, ein erfolgreicher Wurf hinter der 6,25 m-Linie, die nicht berührt werden darf, zählt 2 Punkte.
- Die vom Basketball bekannte „Zone" unter dem Korb gibt es nicht.

1 Basketball, 1 Korb

3 TN + 1 Ersatzspieler pro Mannschaft, wobei beliebig ausgewechselt werden kann

Im Freien

10 x 10 m, wobei eine Linie im Abstand von 6,25 m im Halbkreis um den Korb gezogen wird (Zweipunkte-Linie); Korbhöhe max. 3,05 m

20 Min oder bis 16 Punkte

Basketballspezifische Grundtechniken

Street-Hockey/Inline-Hockey

Diese Kombination aus Hockey und Inline-Skating wird auf öffentlichen, aber abgesperrten Plätzen gespielt. Es ist ein rasantes, aber auch ein raues Spiel, wobei der Puck bzw. der Ball mit dem Hockeyschläger in ein Tor geschossen werden soll.

- Vermittlung eines Sportspiels, dass als Hockey-Variante die Vorzüge des Eishockeys beinhaltet.
- Schulung technischer und taktischer Fertigkeiten.

- Spielbeginn durch einen Bully in der Spielfeldmitte.
- Bodychecks und sonstige Fouls sind nicht erlaubt.
- Der Schläger darf nicht über Kniehöhe geführt werden.
- Beim Ausschwingen des Schlägers darf kein Mitspieler gefährdet werden.
- Der Schläger darf nicht vor die Rollen der Mitspieler gehalten werden.

Handschuhe, Knie-, Ellenbogen-, Schulter-, und Schienbeinschützer; Inline-Skates oder herkömmliche Roller Skates, 1 Hockey-Schläger mit Holz- oder Karbonschaft; 2 Tore (Hütchen oder regelgerechte Hockeytore); Street-Pucks (mit eingebauten Rollen) oder sprungfaule Bälle mit Flüssigkeits-Füllung

4 Feldspieler und ein Torwart pro Mannschaft

Parkplatz, Schulhof

Je nach Spielerzahl und Gegebenheiten

4 x 12 Min.

Sportartspezifische Grundtechniken (Stoppen, Richtungsänderungen etc.)

Street-Tennis

Gespielt wird auf einem öffentlichen, aber abgesperrten Platz 1 : 1 oder 2 : 2. Im Spiel versuchen die Spieler Punkte zu erzielen, indem sie den anderen Spieler/die andere Mannschaft zu einem Fehler zwingen.

- Erfahren eines tennisplatzunabhängigen Rückschlagspiels.
- Erlernen der Selbstorganisation.

- Der Spieler steht hinter der Grundlinie und schlägt von unten auf.
- Es gibt nur einen Versuch. Ausgenommen der Ball berührt die Netzkante und springt anschließend regelgerecht ins andere Feld. In diesem Fall wird der Aufschlag wiederholt.
- Nach jedem Punkt wechselt das Aufschlagsrecht.
- Ein Punkt wird gewonnen, wenn
  - der Ball den Spieler trifft (für den Ballschlagenden),
  - der Schläger gegen den Ball geworfen wird (für den Ballschlagenden),
  - der Ball nach Überqueren des Netzes öfter als einmal den Boden berührt (für den Ballschlagenden),
  - der Ball außerhalb des Spielfeldes aufkommt (gegen den Ballschlagenden).
- Die Punkte werden fortlaufend gezählt (wie beim Tischtennis).

1 Tennisschläger pro Spieler, 1 Softball, 1 mobiles Netz

1 - 2 TN pro Mannschaft

Park- und Marktplätze, Schulhöfe und Festplätze

6 x 12 m, das Spielfeld wird durch ein ca. 80 cm hohes Netz getrennt

15 Min.

Tennisspezifische Grundtechniken

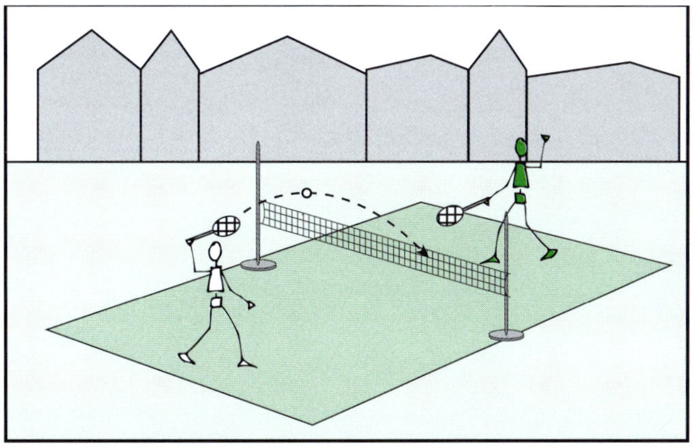

B 5 (Ball-)Spiele mit „etwas anderen“ Spielgeräten

Bike-Polo

Fahrradfahren einmal anders - mit einem Holzschläger wird versucht, einen baseballähnlichen Ball während der Fahrt zu treffen und Tore zu erzielen.

- Schulung von Fahrsicherheit, Geschicklichkeit und Treffsicherheit.
- Förderung des Sozialverhalten.
- Förderung des Antizipationsvermögens.

- Keine Gefährdung der Mitspieler und Gegner.
- Der Ball darf nur geschlagen werden, wenn beide Füße auf den Pedalen stehen, bzw. in der Luft sind.
- Der Schläger darf nicht in die Speichen gehalten werden.

Pro Spieler 1 Bike (Fahrrad) und 1 Schläger, 1 Ball, 4 Hütchen (Tor); pro Spieler 1 Schläger (Besenstiel und das Querstück aus einem dickeren Ast) oder einen Kricketschläger (Krocket), 1 Ball

2 - 6 TN pro Team

Parkplatz, Schulhof, Tartanplatz

20 x 40 m (je nach Spielerzahl), große Tore

2 x 10 Min.

Fahrtechnische Grundlagen: Anfahren, Bremsen, Kurvenfahren, Einhandfahren

- Jeder Spieler übt mit seinem Ball eine gewisse Zeit.
- Zwei Spieler passen sich den Ball zu, d.h. sie spielen gemeinsam.
- Als Vorbeugung könnte der Schläger mit Schaumgummi umhüllt werden.

Boßeln

Das Boßelspiel ist ein bodenständiges Wurfspiel, das entlang der Nordseeküste verbreitet ist. Das Ziel ist –sowohl im Einzel- wie auch im Mannschaftsspiel – eine ideale Bahn für die Kugel zu finden, auf der sie möglichst weit rollen kann. Es gilt, den Wurf des Gegners zu übertreffen. Die beliebteste Form stellt heute das Straßenboßeln dar.

- Erlernen eines traditionellen Wurfspiels.
- Schulung der sportartspezifischen Wurftechniken.

- Beim Straßenboßeln werden 10 Runden geworfen, d.h., jeder Spieler wirft 10 mal. Die Wurfstrecke wird in 5 Hin- und 5 Rückrunden unterteilt. Die Werferreihenfolge wird exakt eingehalten, wobei Werfer 1 von A beginnt und Werfer 1 von B ihm folgt. Der Werfer 2 der unterlegenen Mannschaft setzt das Spiel fort. Erreicht er ebenfalls nicht die Weite von A, erhält die Mannschaft A ihren ersten Schoet. Fortgesetzt wird das Spiel durch Werfer 2 von A und Werfer 3 von B.
- Die beginnende Mannschaft wird ausgelost.
- Die Kugel darf nicht geworfen werden, sondern wird gerollt.

„Weniger ist mehr“: Die Spieler/Gruppen bekommen ein Ziel genannt, das sie mit möglichst wenig Würfen erreichen sollen. Es ist auch möglich, den Ball mit einem Hockeyschläger voranzutreiben.

Pro Mannschaft eine Kugel aus Holz oder Gummi (Bocciakugel)

5 Werfer pro Mannschaft

Feld, Park, Waldwege etc.

Nicht mehr als 10 Kilometer

Beliebig

Sportart-spezifische Techniken

Boule

Ein traditionelles Wurfspiel, das vor allem in Frankreich zu jeder Tag- und Nachtzeit gespielt wird. Ein Spiel, das sowohl für den Geist, als auch für den Körper geeignet ist. Jeder Spieler versucht mit seinen großen Kugeln der kleinen Kugel so nah wie möglich zu kommen, um somit seiner Mannschaft ein gutes Ergebnis beizusteuern.

- Schulung der Wurfgenauigkeit.
- Schulung des taktischen Verhaltens.

- Nach der Auslosung beginnt der 1. Spieler, indem er eine Markierung (Linie) zieht.
- Anschließend wirft er den Cochonnet (kleine Holzkugel) nicht weniger als 6, nicht weiter als 11 m. Die große Kugel wird als nächste hinterher geworfen, sie sollte so nah wie möglich an die kleine Kugel heranrollen.
- Sie darf den Cochonnet verschieben, denn: „das Ziel ist dort, wo das Ziel ist.“ Jetzt ist die andere Mannschaft am Zug. Die Kugel zählt, die am nächsten am Cochonnet ist.
- Eine Mannschaft muss so lange ihre Kugeln werfen, solange eine fremde Kugel näher am Cochonnet liegt. Sind alle Kugeln gespielt, vergleicht man den Abstand zwischen Cochonnet und den geworfenen Kugeln.
- Wegschieben fremder Kugeln ist erlaubt.

Pro Spieler 2 Kugeln, 1 kleine Holzkugel

2 - 4 TN pro Mannschaft

Boule- oder Bocciabahn, Rasenfläche

5 x 15 m

Bis eine Mannschaft 13 Punkte erreicht hat

Keine

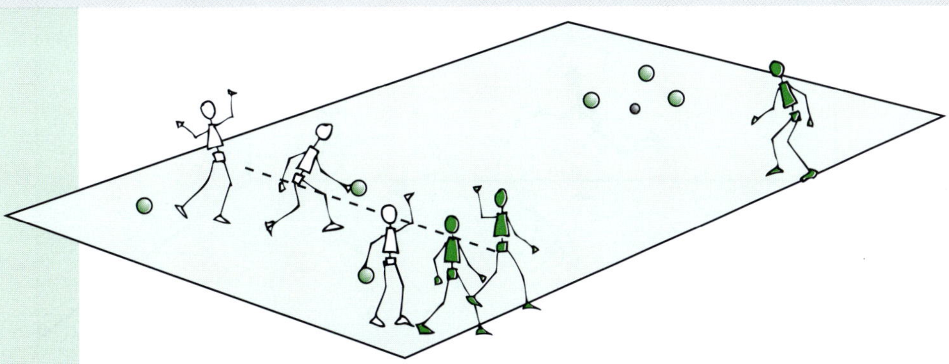

Doing-Ball

Zwei Mannschaften versuchen einen Flummi-Ball so aufzuprellen, dass er an das gegnerische Basketballbrett springt.

- Erleben eines motivierenden, freudvollen Spiels.
- Schulung von Fangen und Passen unter erschwerten Bedingungen.
- Förderung des spieltaktischen Verständnisses.

- Ein gefangener Ball darf dem Mitspieler zugeworfen werden.
- Mit dem Ball darf nicht gelaufen werden.
- Die Mannschaften können gegnerische Pässe abfangen, aber nicht das Zuwerfen blockieren.
- Wände dürfen als Spielfläche genutzt werden.

Ein Flummi-Ball (Hartgummiball), 2 Basketballbretter

Mind. 5 gegen 5 TN

Sporthalle, Hartplatz

Basketballfeldgröße

Nach Punkten oder nach Zeit

Passen, Fangen, grundlegende taktische Verhaltensweisen

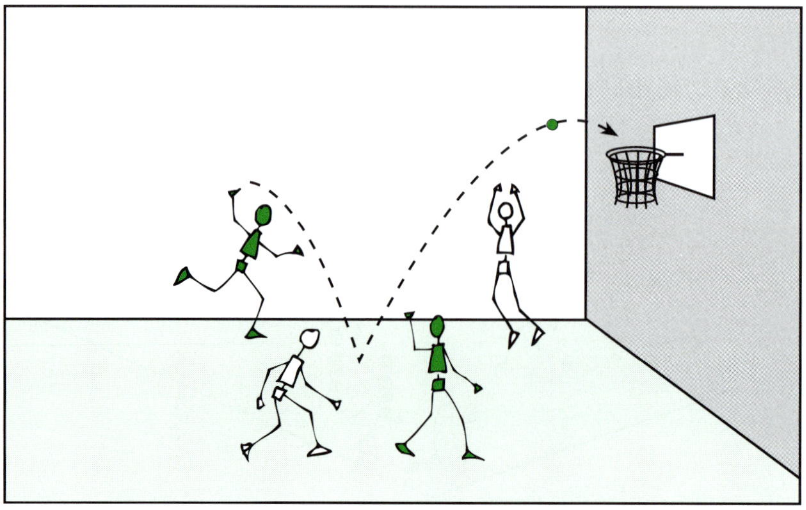

Großes Erdballspiel

Zwei Mannschaften spielen gegeneinander und versuchen, den Erdball gegen den Widerstand der gegnerischen Mannschaft über die eigene Grundlinie zu transportieren.

- Förderung der Kommunikation und Kooperation in den jeweiligen Mannschaften.

- Die Mannschaften starten an ihrer Grundlinie.
- Der Erdball befindet sich bei Spielanfang und nach jedem Punkterfolg an der Mittellinie.
- Der Ball darf gerollt, gedrückt und geworfen werden.
- Wird der Erdball über die eigene Grundlinie bewegt, so erhält die Mannschaft einen Punkt.

❶ *Erdbahn:* Die Spieler stehen im Kreis und rollen den Ball so schnell wie möglich von einem Spieler zum nächsten. Auf Kommando wird die Richtung gewechselt.

❷ *Mutige voraus:* Auch hier stehen die Spieler in einem Innenstirnkreis. Der Erdball wird nun so kräftig es geht auf den Boden geprellt, bis er eine entsprechende Höhe erreicht hat. Wer mutig ist läuft unter dem Ball durch, ohne ihn zu berühren.

❷ *Orbit:* Die Gruppe teilt sich in zwei Mannschaften. Die eine legt sich auf den Rücken, wobei der Kopf zum Kreismittelpunkt zeigt, die andere Mannschaft stellt sich im Abstand von 3 - 4 m im Kreis mit dem Gesicht zu den Liegenden auf. Das stehende Team spielt den Ball mit den Händen in die Kreismitte, das liegende Team stößt den Ball mit den Füßen (barfüßig), wenn es geht, über die Stehenden hinweg. Geschieht dies, so wechseln die Mannschaften ihre Position.

1 Erdball

8 - 30 TN

Halle, Rasen, Park etc.

20 x 30 m

Bis die erste Mannschaft 3 Punkte hat

Keine

Krocket

Mit möglichst wenigen Schlägen soll eine Kugel mit einem Holzhammer durch einen Minitor-Parcours gespielt werden.

- Erleben eines freizeitsportlichen, geselligen Spiels.

- Die durchnummerierten Tore müssen entsprechend der Reihenfolge passiert werden, um letztendlich den Zielpflock zu treffen.
- Es kann sowohl als Einzel-, aber auch als Mannschaftswettbewerb gespielt werden.
- Die Holzkugel darf pro Schlag nur einmal berührt werden, d.h. dass je Torschuss nur ein Versuch zur Verfügung steht. Bei Fehlversuch ist der nächste Spieler dran.
- Das Tor darf nur von einer Richtung passiert werden.

10 - 15 Minitore (ca. 15 cm breit und 30 cm hoch) aus dickem Draht; pro Spieler eine schwere Holzkugel (z.B. Bocciakugel) und ein Krocketschläger

2 - 6 TN pro Parcours

Ebene Rasenfläche

20 x 30 m

Bis der erste den Zielpflock erreicht hat

Auge-Hand-Koordination

Anstelle des Krocketschlägers wird ein Hockeyschläger verwendet.

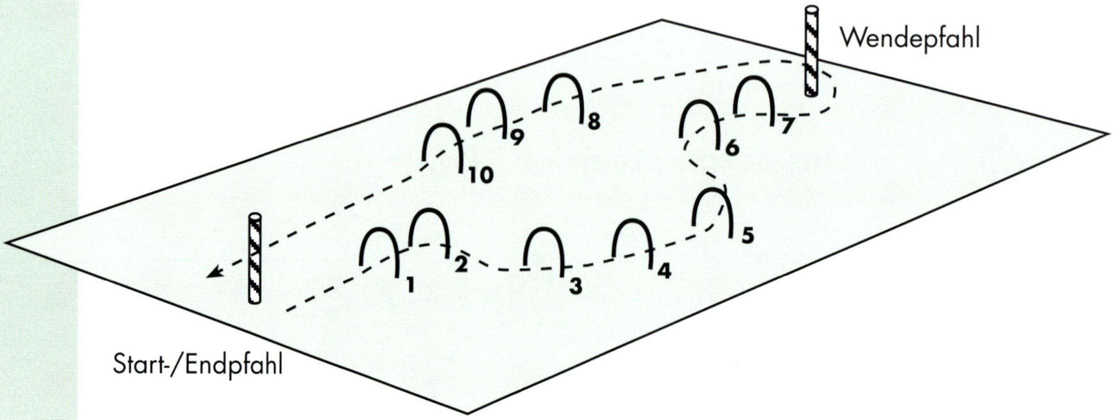

Radball

Die in zwei Mannschaften eingeteilten Radler fahren Rad und spielen sich gleichzeitig einen Ball zu. Das Ziel ist es, dass jede Mannschaft ihrem Torwart den Ball zuschießen muss. Sobald dieser fängt, erhält die Mannschaft einen Punkt.

- Schulung von Fahrsicherheit, Geschicklichkeit und exaktem Schießen.
- Förderung des Antizipationsvermögens.

- Ein Kreis mit ca. 4 m Durchmesser stellt das Tor dar.
- Der Torwart versucht, die Bälle der eigenen Mannschaft zu fangen, ohne dabei seinen Kreis zu verlassen.
- Die Spieler dürfen den Boden nur berühren, wenn sie den Ball ins Feld zurückholen.

Pro Spieler 1 Fahrrad (Torwart ausgenommen), 1 Wasserball, 1 Stück Kreide

3 - 5 TN pro Team

Schulhof, Parkplatz

20 x 30 m

Nach Absprache

Fahrtechnische Grundlagen

Sepak Takraw

Ein Spiel, das auf sehr alte Traditionen im gesamten südasiatischen Raum zurückgeht. Im Mittelpunkt steht ein aus Rattan geflochtener Ball.
Der Rattanball wird von 3 Spielern einer Mannschaft so über das Netz gespielt, dass er möglichst beim Gegner auf den Boden fällt.

➠ Schulung des Ballgefühl und der Geschicklichkeit.

➠ Weder Arme noch Hände dürfen den Ball berühren, d.h. mit den Füßen wird der Ball in der Luft gehalten.

❶ Der Ball wird aus den Händen mit dem Fuß über das Netz gespielt und auch wieder gefangen.
❷ Der Ball muss, bevor er mit den Händen aufgefangen wird, mit der Brust, dem Oberschenkel oder dem Kopf berührt werden.
❸ Der Spieler darf sich den Ball nicht mehr selbst vorlegen, sondern er wird von einem anderen Spieler zugestellt.
❹ Der Ball sollte nicht mehr gefangen und geworfen werden, sondern er darf wie beim Fußballtennis einmal aufhüpfen.

1 Rattanball

3 TN pro Seite

Halle, Rasenplatz

13 m x 6 m, Netzhöhe 1,55 m

Nach Punkten bzw. nach Zeit

Fußballspezifische Grundtechniken

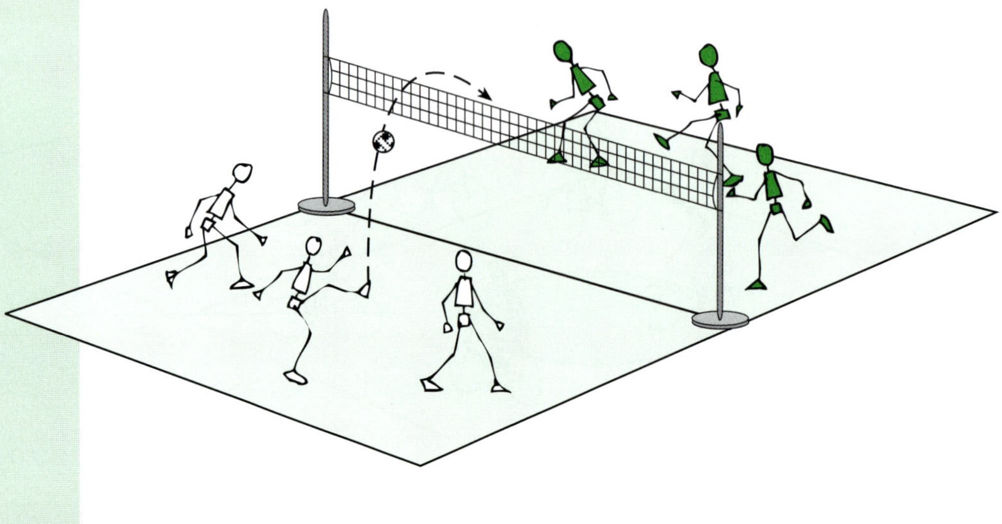

C Literatur und Angaben zu den Autoren

Literatur

Bildungswerk des LSB NRW e.V. (Hrsg.): *Sport in der Weiterbildung.* Materialien 7. Duisburg 2/1996.

Bucher, Walter (Hrsg.): *1004 Spiel- und Übungsformen im Handball.* Schorndorf 2/1983.

Bucher, Walter (Hrsg.): *1005 Spiel- und Übungsformen im Volleyball.* Schorndorf 3/1984.

Bucher, Walter (Hrsg.): *1006 Spiel- und Übungsformen im Basketball.* Schorndorf 2/1984.

Bucher, Walter (Hrsg.): *1014 Spiel- und Übungsformen im Tischtennis.* Schorndorf 3/1993.

Bucher, Walter (Hrsg.): *1016 Spiel- und Übungsformen für Sportarten mit Zukunft.* Schorndorf 1991

Bucher, Walter (Hrsg.): *1018 Spiel- und Übungsformen auf Rollen und Rädern.* Schorndorf 1994.

Deutscher Sportbund (Hrsg.): *10 Spiele – 100 Variationen*. Frankfurt 1982.

Dietrich, Knut/Dürrwächter, Gerhard/Schaller, Hans-Jürgen: *Die Großen Spiele.* Wuppertal 4/1994.

Döbler, Erika und Hugo: *Kleine Spiele.* 21/1998

Fluegelman, Andrew/Tembeck, Shoshana: *New Games – die neuen Spiele*. München 18/1996

Fluegelman, Andrew: *Die neuen Spiele Bd. 2*. München 10/1992

Glorius, Stephan/Leue, Winfried: *Ballspiele Bd. 1*. Aachen 1996.

Glorius, Stephan/Leue, Winfried: *Ballspiele Bd. 2*. Aachen 1996.

Heitmann, Friedhelm: *Streetball und 120 andere coole Spielideen.* Mülheim 1995.

LandesSportBund NRW e.V. (Hrsg.): *Spiele/Spielen.* Duisburg 1997.

Rammler, Hubert/Zöller, Herbert: *Kleine Spiele – wozu?* Wiesbaden 2/1988.

Schaller, Hans, Jürgen (Hrsg.): *Die Großen Partnerspiele.* Wuppertal 1982.

Walter, Manfred: *Spiel und Sport an jedem Ort.* Schorndorf 1991

Wetton, Pauline: *Tolle Ideen. Sportspiele.* Mülheim 1992.

Wickenhäuser, Ruben Philipp: *Indianer-Spiele.* Mülheim 1997.

Angaben zu den Autoren/zur Autorin:

B. Willi Geißler ist seit zwölf Jahren hauptberuflicher Sportlehrer bei der Sportjugend NRW. Ballspiele durchziehen als bedeutsamer roter Faden seit 20 Jahren seinen sportlichen-beruflichen Werdegang (incl. Studium und Referendariat) und seit 35 Jahren seine sportlich-private Biographie in verschiedenen Vereinen (Fußball, Volleyball, Tischtennis) als Spieler und Trainer im Kinder- und Jugendbereich.

Regina Hachtel studierte Sport, BWL und Soziologie an der Universität Stuttgart, Teilnahme am Projekt „Sport bei der Internationalen Gartenbauausstellung" in Stuttgart. Anschließend als Sportlehrerin bei der Kindersportschule Kornwestheim tätig. Inzwischen selbst Mutter von 2 Kindern und seit einigen Jahren wieder als Übungsleiterin im Bereich Mutter-Kind-; Vorschul- und Schülerturnen tätig.

Klaus Prunsche ist hauptberuflicher Lehrreferent im Referat „Ausbildung und Bildung" des LandesSportBundes Niedersachsen. Nach seinem Studium und Referendariat arbeitete er vier Jahre als Vereinssportlehrer und entwickelte dort Konzeptionen für den Freizeit- und Breitensport. Ehrenamtlich ist er als Übungsleiter und Trainer im Verein (Ballspielbereich) und als Beauftragter für das Lehrwesen im Fachausschuss „Orientierungslauf" des Niedersächsischen Turnerbundes tätig.